ullstein

FATMA AYDEMIR, 1986 in Karlsruhe geboren, ist Kolumnistin und Redakteurin bei der *taz*. 2017 erschien ihr Debütroman *Ellbogen*, für den sie mit dem Franz-Hessel-Preis ausgezeichnet wurde. Derzeit lehrt sie an der Angewandten in Wien am Institut für Sprachkunst.

HENGAMEH YAGHOOBIFARAH, geboren 1991 in Kiel, ist Redakteur_in beim *Missy Magazine* und Kolumnist_in bei der *taz*. 2021 erscheint Yaghoobifarahs Debütroman *Ministerium der Träume*.

Fatma Aydemir
Hengameh Yaghoobifarah (Hrsg.)

Eure Heimat ist unser Albtraum

Ullstein

Besuchen Sie uns im Internet:
www.ullstein.de

MIX
Papier
FSC® C083411

Ungekürzte Ausgabe im Ullstein Taschenbuch
1. Auflage November 2020
2. Auflage 2020

Umschlaggestaltung: zero-media.net, München,
nach einer Vorlage von FAVORITBUERO, München
Satz: Pinkuin Satz- und Datentechnik, Berlin
Gesetzt aus der Quadraat Pro
Druck und Bindearbeiten: CPI books GmbH, Leck
ISBN 978-3-548-06240-2

Für uns

Inhalt

Vorwort

Die Idee zu diesem Buch entstand im März 2018, zeitgleich mit der Taufe des sogenannten »Heimatministeriums«. So lautete neuerdings die Kurzbezeichnung des einstigen Innenministeriums, das im Zuge der neuen Regierungsbildung in »Bundesministerium des Innern, für Bau und Heimat« umbenannt worden war. Dass an die Spitze dieser neuen Institution ein Politiker berufen wurde, der sich zuallererst für mehr Abschiebungen, eine restriktivere Migrationspolitik und gegen »den Islam« als Teil der deutschen Gesellschaft aussprach, ließ die politischen Beweggründe hinter dieser Umbenennung erkennen.

»Heimat« hat in Deutschland nie einen realen Ort, sondern schon immer die Sehnsucht nach einem bestimmten Ideal beschrieben: einer homogenen, christlichen weißen Gesellschaft, in der Männer das Sagen haben, Frauen sich vor allem ums Kinderkriegen kümmern und andere Lebensrealitäten schlicht nicht vorkommen. In den vergangenen Jahrzehnten diente das Wort Rechtspopulist_innen und -extremist_innen als Kampfbegriff, um all jenen Menschen, die diesem Ideal nicht entsprachen, ihre Existenzberechtigung abzusprechen. So bezeichnet sich die rechtsextreme NPD als »soziale Heimatpartei«. Und alle drei Mitglieder des NSU-Kerntrios gehörten einer militanten Neonazi-Organisation an, die sich »Thüringer Heimatschutz« nannte, bevor sie durchs Land zogen, um (mindestens) neun Migranten und eine Polizistin zu ermorden. »Heimat« ist auch ein integraler Teil der faschistischen NS-Ideologie und somit kaum ohne Zusammenhang zur Shoah denkbar. Und nun wird ein Ministerium danach benannt. Das Wort wird somit normalisiert. Ohne Diskussion. Ohne jegliche Begründung. Einfach so.

Nicht umsonst ist diese »Heimat« ein Albtraum vor allem für marginalisierte Gruppen, aber nicht nur. Deshalb sind zwei Worte im Buchtitel »Eure Heimat ist unser Albtraum« im selben Lila gefärbt wie der Hintergrund: Denn nicht die Herausgeber_innen und Autor_innen dieses Buchs entscheiden, wo das »Wir« endet und das »Ihr« beginnt. Sondern jede_r Leser_in bestimmt für sich selbst: Will ich in einer Gesellschaft leben, die sich an völkischen Idealen sowie rassistischen, antisemitischen, sexistischen, heteronormativen und transfeindlichen Strukturen orientiert? Oder möchte ich Teil einer Gesellschaft sein, in der jedes Individuum, ob Schwarz und/oder jüdisch und/oder muslimisch und/oder Frau und/oder queer und/oder nicht-binär und/oder arm und/oder mit Behinderung gleichberechtigt ist?

Keine Angst, dieses Buch wird sich nicht mit einem

von alten weißen Männern geleiteten Ministerium beschäftigen. Stattdessen haben wir 12 herausragende deutschsprachige Autor_innen gebeten, mit uns gemeinsam über oft übersehene, aber sehr existenzielle Aspekte marginalisierter Lebensrealitäten in Deutschland zu schreiben. Herausgekommen sind dabei mal witzige, mal bedrückende, vor allem aber kluge und sehr ehrliche Texte, die hilfreich sein können bei der Frage: Wie halte ich es mit dieser »Heimat«?

Einige Anmerkungen zur Sprache im Buch sind uns wichtig:

Wir verzichten auf das generische Maskulinum (die Leser) und gendern mit dem sogenannten Gap, einer mit Unterstrich gefüllten Lücke (die Leser_innen). Diese Schreibweise bezieht nicht-binäre Personen ein und entzieht sich damit dem hegemonialen Zweigeschlechtersystem.

Außerdem schreiben wir Schwarz als politische Selbstbezeichnung Schwarzer Menschen groß, die soziale Positionierung weiß hingegen klein. Mit Bezug auf Noah Sow, Autorin von *Deutschland Schwarz Weiß*[1], weisen wir darauf hin, dass es sich bei diesen beiden Begriffen weder um Farben noch um »Biologisches« handelt, sondern um politische Realitäten, und dass es leider nicht möglich ist, Rassismus zu überwinden, ohne seine Konstrukte »Schwarze« und »Weiße« zu benennen.

Die aus den USA stammende Formulierung People of Color – im Singular Person of Color, oder kurz: PoC – markiert den gemeinsamen Erfahrungshorizont von

Menschen, die nicht weiß sind, in einer weißen Mehrheitsgesellschaft. Es handelt sich hierbei um eine politische Selbstbezeichnung. Beim »Color« geht es weder (ausschließlich) um Hautfarbe, noch kann der kolonialrassistische Begriff »farbig« als Synonym verwendet werden.

Schließlich wollen wir all jenen danken, ohne deren Engagement, Wissen und Inspiration dieses Buch nicht hätte entstehen können. Allen Autor_innen, deren Namen in diesem Buch an verschiedenen Stellen auftauchen, aber auch den unzähligen nicht namentlich genannten Akademiker_innen, Aktivist_innen, Care-Arbeiter_innen, Denker_innen, Künstler_innen, die seit Generationen für eine gleichberechtigte Gesellschaft kämpfen und denen wir es zu verdanken haben, dass wir 2019 diesen Essayband veröffentlichen können.

Fatma Aydemir & Hengameh Yaghoobifarah,
Berlin im Januar 2019

Sichtbar

von Sasha Marianna Salzmann

Ich werde nie wissen, was es heißt, unsichtbar zu sein. Ich werde nie wissen, wie es ist, unvorsichtig sein zu können beim Küssen im Park, einfach draufloszuknutschen. Was es heißt, durch die Straßen zu streifen und nicht damit rechnen zu müssen, dass jemand im Vorbeigehen meine Haare zu berühren versucht. Wie es ist, sich nicht ständig in Selbstgesprächen zu beschwichtigen, wenn man mehrmals am Tag gefragt wird, ob man Deutsch verstehe. Mich in der Menge aufzulösen, ist keine Option für mich. Ich gehöre gleich mehreren Minderheiten an; das kaschieren zu wollen, birgt für mich größere Gefahren, als meine Positionen zu benennen.

Your silence will not protect you[2], heißt ein Essayband von Audre Lorde, in dem sie gleich in mehreren Texten die destruktive Kraft von (selbst) auferlegtem Schweigen herausarbeitet: Der einzige Weg, der verhindert, dass das, was man ist, gegen einen verwendet wird, sei das Sprechen über sich, bevor es andere tun. Andernfalls blieben die Angriffe und Beurteilungen der anderen in den Grauzonen der gesellschaftlichen Wahrnehmung, und man wird danach behaupten können, man habe von nichts gewusst.

Ich denke an die Jüdinnen und Juden, die Anfang des 20. Jahrhunderts so damit beschäftigt waren, sich zu assimilieren, dass Hitler sie daran erinnern musste, dass sie nie dazugehören würden und nie erwünscht wären. Diese Menschen wurden jüdisch durch Diskriminierung, durch Ausgrenzung, durch ihren Tod. Viele von ihnen meinten, wenn sie sich als Teil der christlich-deutschen Gesellschaft verstünden, dann seien sie es auch. Einige glaubten der antisemitischen Propaganda und schämten sich ihrer selbst: »Wer sich assimilieren konnte oder wollte, für den war alles, was an den Moschus des Judentums erinnerte, eine Art hässlicher Atavismus, wie ein Fischschwanz, den man noch hinter sich herzieht, nachdem man den Schritt aufs Festland geschafft hat«, schreibt Maria Stepanova in ihrem Roman *Nach dem Gedächtnis*[3]. Das Ergebnis ist bekannt. Assimilation führt ins Verderben. Warum versuchen wir also dazuzugehören? Welche Versprechen birgt es, so zu sein wie alle, das »Normalsein«? Und kann man nach den Erfahrungen des letzten Jahrhunderts wirklich glauben, dass man als Minorität in einer Gemeinschaft geschützt wird, wenn man leise ist und sich so unauffällig wie möglich verhält?

Zumindest im jüdischen Kontext bedeutet das Nicht-Auffallen und Nicht-Benennen, dass man nicht vorkommt. Wenn ich meine Kultur nicht feiere, existiert sie nicht, versuchte ich der Frau, die sich mir als Christin vorstellte, zu erklären, als sie mich nach einer Lesung darauf hinwies, dass für sie die Art, wie ich meinen Davidstern gut sichtbar über dem Shirt trage, Exhibitionismus sei.

An diese Frau musste ich denken, als ich in dem Bericht der Antidiskriminierungsstelle des Bundes las, dass 43,8 Prozent der deutschen Bevölkerung voll und ganz oder mindestens tendenziell dem Satz zustimmen: »Homosexuelle sollten aufhören, so einen Wirbel um ihre Sexualität zu machen.« Für die meisten dieser Gruppe ist ihre eigene Sexualität als Norm markiert; sie fordern mein Schweigen, meine Unauffälligkeit und damit mein Verschwinden mit dem Verweis darauf, dass man über Homosexualität nicht mehr sprechen müsse, denn Homos seien längst überall angekommen. Selbst hochrangige Politiker_innen seien offen homosexuell und stünden mit ihrem Lebensstil für die Toleranz der westlichen, christlichen Gesellschaft. Sieht man sich aber die Geschichte von Queerness genauer an, wird deutlich, wie ungesichert und immer aufs Neue umkämpft dieses Feld ist: Das in Deutschland 1872 eingeführte und von den Nazis 1935 verschärfte Homosexuellengesetz unter dem §175, das Männer für gleichgeschlechtliche Akte mit Zuchthaus bestrafte, wurde erst 1994 abgeschafft. Die Rehabilitierung aller Verurteilten und ihrer Sexualpartner folgte erst 2017, viele der Betroffenen waren längst tot.

Die sogenannte Ehe für alle wurde in Deutschland zwar 2017 eingeführt, wird aber nach wie vor kontrovers diskutiert und bleibt umstritten.

Erst 2018 nahm die Weltgesundheitsorganisation Transidentitäten von der Liste der Geisteskrankheiten.

Trotzdem müssen diese Menschen zwei voneinander unabhängige psychiatrische Gutachten vorlegen, wenn sie eine Hormonbehandlung beginnen wollen. Das aktuell verabschiedete Gesetz zur dritten Geschlechtsoption, das neben »männlich« und »weiblich« auch den Eintrag »divers« vorsieht, zielt auf Intersexuelle, aber nicht auf Transidente und Nicht-Binäre. Ich selber, als nichtbinäre Person, bin mit dem Gefühl aufgewachsen, dass Menschen die Art, wie ich mich selbst wahrnehme, für eine psychische Störung halten.

Gleichzeitig stimmt es, dass Lesben- und Schwulenrechte mittlerweile eine relevante Spielkarte in politischen Machtkämpfen darstellen. Seinem Selbstverständnis nach steht Europa für Toleranz gegenüber sexuellen Minderheiten. Nicht zufällig lässt jedes Land, das in die EU will, gleich nach der Bewerbung um den Beitritt eine Gay Pride Parade zu. Meistens zum ersten Mal und unter Einsatz eines massiven Polizeiaufgebots, das die Demonstrierenden und Feiernden vor dem wütenden Mob schützen soll. Nicht umsonst nennt uns Russland, das sich in radikaler Opposition zu der Union sieht, in der wir leben: *Gayropa.*

Und so gibt es hierzulande das Märchen vom guten Schwulen. Der a) weiß ist, b) dasselbe begehrt wie jede heterosexuelle Person angeblich auch: einen Partner, ein Haus, Autos und Karriere. Einer von ihnen, Jens Spahn, bewarb sich zum Zeitpunkt, als ich an diesem Text schrieb, um den Vorsitz der aktuell regierenden Partei des Landes. Seine Sexualität verschweigt er nicht, allerdings gibt er auch zu, dass er zu seinem privaten wie öffentlichen Coming-out durch innerparteiliche Machtkämpfe gezwungen wurde. Außerdem wird er nicht müde zu betonen, dass er keine »schwule Klientelpolitik« machen will. Auf keinen Fall will er damit auffallen, dass er schwul ist. Sein Markenzeichen ist sein Hass auf die Muslim_innen: Er will Burkas verbieten, wettert gegen in Unterhosen duschende muslimische Männer in Fitnessclubs und zieht Parallelen zwischen der religiösen Herkunft von Tätern und ihren Verbrechen. Wenn es allerdings darum geht, Argumente für seine Demagogie zu finden, kommt Spahn die eigene sexuelle Orientierung gerade recht: Er behauptet, Angst vor dem Islam zu haben, weil man ihn in einem muslimischen Land wegen seiner Homosexualität von Türmen schubsen würde. Auf die Nachfrage eines Journalisten, wie es um die Akzeptanz der Ehe für alle in dem kleinen christlichen Ort steht, aus dem Spahn kommt (Ottenstein im Westmünsterland), antwortete er: »Sicherlich gibt es Vorbehalte. Aber nur weil jemand Vorbehalte hat, ist er deshalb nicht automatisch homophob.«[4]

Demnach wären die Hardliner in Ungarn, Polen, Bayern und den Niederlanden auch nicht homofeindlich, vermutlich auch nicht die eine Million Demonstrant_innen gegen die Ehe für alle, die in Paris vor wenigen Jahren auf die Straße gingen. Nur Moslems sind in Jens Spahns Denkraum Feinde der Schwulen.

Nationale, patriotische, schwule Retter des Abendlandes gibt es zur Genüge. Diese Haltung ist keine Erfindung Spahns. Mit dem Begriff des Homonationalismus[5] beschreibt die Gender-Theoretikerin Jasbir Puar, wie Mitglieder ausgegrenzter Minderheiten ihren (Karriere-)Weg in einer Mehrheitsgesellschaft machen: Ökonomisch starke, meist weiße Homosexuelle treten als Vertreter_innen europäischer Errungenschaften auf, die sie gegen vermeintlich homofeindliche Kulturen verteidigen müssen.

Homonationalismus ist selbstverständlich nicht nur den Schwulen vorbehalten: Alice Weidel behauptete unlängst in einer Rede vor Mitgliedern ihrer Partei »Alternative für Deutschland«, dass sie schon Millionärin wäre, wenn sie nur einen Cent für die immer wieder gestellte Frage verlangt hätte, wie sie als lesbische Frau (mit einer Partnerin aus Sri Lanka und zwei adoptierten Kindern, alle leben in der Schweiz) eine rechtsnationale Partei repräsentieren könne. Eine Partei, die in ihrem Programm wenig Konkretes bietet außer Hass auf Minderheiten. Hass auf den angeblichen Genderwahn. Hass auf »den Islam«. You name it.

Weidels Antwort ist vorhersehbar und funktioniert nach demselben Prinzip wie die Argumentation von Jens Spahn: Sie sei natürlich nicht trotz, sondern gerade wegen ihrer Homosexualität in der AfD.[6]

Ich beobachte die Zuhörer_innenschaft, vor der Alice Weidel die zwölfminütige Rede zu ihrer sexuellen Orientierung hält. Sie jubelt. Schrumpelige Opas halten den Daumen hoch. Frauen applaudieren mit glänzenden Augen und sind kurz vor Standing Ovations. Ich frage mich, was wäre, wenn dieselbe Alice Weidel jetzt sagen würde: »Ihr Lieben, der Wohlstand unserer Gesellschaft basiert auf massiver Ausbeutung dieses Planeten und seiner Völker, und darum stehe ich heute hier und fordere die konsequente Umverteilung der Güter und offene Grenzen.« Ich stelle mir vor, wie die Frau mit dem toupierten kastanienbraunen Haar, die ihre Lippen über die Ränder hinaus mit bräunlichem Rot überschminkt hat, ihren Sitznachbarn mit dem Ellbogen anstößt und so, dass alle im Raum es hören können, flüstert: »Sie ist eine Lesbe, oder?« Woraufhin der Herr im gestreiften Hemd und mit rahmenloser Brille, die ihm eng auf der Nasenwurzel sitzt, sein Kinn noch höher in die Luft reckt, seine Arme aus der Verschränkung löst und angewidert die Augen verdreht, vielleicht sagt er auch etwas mit abfällig verzogenem Gesicht.

Ich frage mich, ob Alice Weidel wirklich denkt, dass diese Leute sie als Homosexuelle akzeptieren. Oder ob sie weiß, dass ihr Publikum sie für den Hass feiert, den sie verkörpert und der lange unter dem Deckel politischer Floskeln brodelte und nun in den expliziten Ansagen der AfD offen zutage tritt. Hass auf das Migrantische, auf die »Flüchtlinge«, die »Türken«, die »Araber«, ebenso wie Antisemitismus sind hoch im Kurs bei der »Alternative für Deutschland«, die nach jetzigem Stand drittstärkste Partei in diesem Land ist.

Natürlich versteht Alice Weidel, dass die Menge, die ihr applaudiert, ihr Lesbisch-Sein als Alibi gegen mögliche Diskriminierungs- und Rassismusvorwürfe benutzt. Natürlich weiß Jens Spahn, dass ihm so manches katholische Gemeindemitglied, auch in seinem geliebten Münsterland, in seiner Kindheit eine Behandlung in der Psychiatrie verordnet hätte, den jüngsten Empfehlungen des Kirchenoberhaupts Franziskus folgend.

Alle sogenannten Weltreligionen werden zur Ausgrenzung benutzt, um Homosexuellen- und Frauenfeindlichkeit zu begründen. Da erbringt weder eine liberale Imamin noch eine queere Rabbinerin oder ein offen schwul lebender Pastor den Gegenbeweis. Doch darum geht es weder Spahn noch Weidel. Beide wissen, dass es mit rechten populistischen Parolen schneller auf der Karriereleiter nach oben geht als mit Debatten über das komplexe Thema der Mehrfachdiskriminierung.

Diese beiden Homonationalist_innen besetzen Top-Positionen in der politischen Landschaft Deutschlands zu einem Zeitpunkt, an dem die Wirtschaft floriert, die Arbeitslosigkeit auf einem Tiefstand ist, die Kriminalitätsrate niedrig und die Anzahl der Asylbewerber_innen unter der festgelegten Obergrenze bleibt. Die ansonsten üblichen Erklärungsversuche für den Rechtsruck in Deutschland sind also ausgehebelt.

»Leider scheint es viel einfacher zu sein, menschliches Verhalten zu konditionieren und Menschen dazu zu bringen, sich auf eine völlig unvorhergesehene und entsetzliche Weise zu verhalten, als irgendjemanden davon zu überzeugen, aus der Erfahrung zu lernen, das heißt mit Denken und Urteilen beginnen, anstatt Kategorien und Formeln anzuwenden«, sagt Hannah Arendt in ihrem Essay *Was heißt persönliche Verantwortung in einer Diktatur?*[7]

Gewaltdynamiken, das machen soziologische Untersuchungen deutlich, weisen nicht als Pfeil von Täter zu Opfer, sondern haben die Form einer Triangel. Diskriminierung, Ausgrenzung und Zerstörung finden demnach in einem Spannungsfeld von drei Parteien statt: die angegriffene Person, der_die Angreifer_in und als Drittes die Gruppe, die sich nicht zu der angegriffenen Person bekennt und sich nicht schützend vor sie stellt. Die wegsieht. Die behauptet, nichts sei geschehen. Die versucht, das Geschehene unkenntlich zu machen, und dem Opfer zuredet, es solle kein Aufsehen erregen, indem es den Übergriff publik macht. Für die angegriffene Person kommt das unmittelbare Übel von dem_der Angreifer_in, das nachhaltige jedoch von der Gruppe, die wegschaut. Für sie ist es keine Überraschung, von jemandem attackiert zu werden, der voller Hass auf ihren Lebensstil ist. Dass aber Menschen zuschauen und nicht eingreifen, nicht helfen, vielleicht im Nachhinein sogar das Geschehene leugnen, verursacht die Verletzung, die sie in ihrem Grundvertrauen erschüttert.

Diese Erfahrung wird in ein Wissen überschrieben, mit dem die Person sich zukünftig durch die Welt bewegt. Dieses Wissen hat für immer Auswirkungen darauf, wie ein marginalisierter Körper sich zu dieser dritten Gruppe, die sich als Mehrheit versteht, verhalten wird. Es geht nicht darum, dass diese Mehrheit nicht selber angegriffen hat – es sind immer Einzelne, die die Aggression ausführen –, aber sie hat auch nicht verteidigt. Denn die Angriffe der Einzelnen entspringen den Gewaltstrukturen dieser dritten Gruppe, der Mehrheit.

38,4 Prozent der in Deutschland Befragten empfinden homosexuelle Küsse in der Öffentlichkeit als unangenehm. 43,8 Prozent wollen mich unsichtbar. Seit den Kindertagen, in denen ich in Kleidung gesteckt wurde, die mich zu verformen versuchte, seit der Pubertät, in der sich mein Körper auf eine Weise veränderte, die sich für mich falsch anfühlte, allerspätestens seit dem ersten Coming-out, von dem ich noch nicht wusste, dass es ein permanentes werden wird, bin ich eine *andere*. Ich brauche keine vermeintliche Integration in diskriminierende Strukturen. Ich kenne die Vereinnahmungsmechanismen, ich kenne diese Teile-und-herrsche-Strategie schon als Jüdin.

So wie die Homosexuellenrechte gerne zum Ausweis eines liberalen Europas gemacht werden, so steht Europa auch für den Schutz der Jüdinnen und Juden. Die Erfindung trägt den Namen »christlich-jüdisches Abendland«. Trotz ansteigendem Antisemitismus (immerhin meint, laut der Leipziger Autoritarismus-Studie von 2018, jeder Zehnte in Deutschland, dass »Juden etwas Besonderes an sich haben und nicht so recht zu uns passen«) bietet das Jüdisch-Sein in Deutschland eine Menge Privilegien, wenn man sich in den vorgegebenen Koordinaten bewegt: Man hat den Deutschen entweder vergeben, oder man ist der unversöhnliche Aggro-Jude, der den Deutschen nie vergeben wird.

Beide Positionen kreisen, einander spiegelnd, um die Shoah, was bedeutet, dass der Jude in Deutschland ohne den Versuch seiner Vernichtung nicht denkbar ist. In den Neunzigerjahren importierte Deutschland den Juden aus Ländern der ehemaligen Sowjetunion, um die ein halbes Jahrhundert zuvor entstandenen Lücken zu füllen, und gab ihm das Prädikat »Kontingentflüchtling«. Gemeint ist ein weißer Mittelschichtler, der säkular lebt oder seinen Davidstern an einer unauffälligen Kette unter dem Hemd trägt. Am 9. November darf er seine Kippa anlegen und wird ab und an zum Thema Antisemitismus befragt, wenn peinliche Comedians sich wieder im Ton vergreifen oder wenn nach Gründen für Einwanderungsobergrenzen gesucht wird.

Seit die Debatten um Migration aus muslimischen Ländern die Medien dominieren, wird der Jude – so wie der Schwule und die Lesbe – interessant, sofern er bereit ist, gegen den Moslem auszusagen (»Meine lesbische Nachbarin / mein schwuler Nachbar / mein jüdischer Nachbar will auch keine Syrer als Nachbarn«). Als Belohnung winkt die Aussicht auf Zugehörigkeit, also die Integration in die Mehrheitsgesellschaft. Dieser Mechanismus findet seine perverse Zuspitzung in einer Art Judeo-Nationalismus, der sich neuerdings unter dem Namen »Juden in der AfD« formiert. Zwar hat diese Gruppe keine nennenswerte Mitgliederzahl, wird jedoch medienwirksam in Szene gesetzt.

Schon vor einiger Zeit fragte mich eine Wochenzeitung an, ob ich darüber berichten wolle, wie es mir als Jüdin mit der alarmierenden gesellschaftlichen Veränderung durch die große Zahl muslimischer Einwanderer gehe. Ich bot im Gegenzug an, über das Zusammenleben mit meinen syrischen Mitbewohnern zu schreiben: zwei jungen Männern, damals erst seit einem beziehungsweise seit zwei Jahren in Deutschland. Ich stellte mir einen Text vor, in dem ich vom Besuch meiner Mutter in unserer damaligen Wohngemeinschaft berichten würde. Von meinen Ängsten vor ihren möglichen antimuslimischen Vorurteilen und vor unpassenden Bemerkungen der beiden Männer meiner Mutter gegenüber. Ich wollte von meiner eigenen Voreingenommenheit erzählen und wie sie sich in immer neuen Konfliktfantasien Ausdruck verschaffte, während in der Realität meine Mutter, Mazen und Yazan sich lebhaft über die Zustände in Asylheimen austauschten – über die immer gleichen karierten Hemden der Aufseher, über den Geruch in den Gemeinschaftsküchen, darüber, wie lange es dauert, bis die Beamten auf den Ausländerämtern den Namen richtig aussprechen. Beziehungsweise, versicherte meine Mutter den Jungs, dieser Augenblick würde nie kommen. Sie lachten viel.

Ich stand hinter der Küchenzeile und schaute die drei von der Seite an: eine Ärztin aus Moskau, bereits seit über zwanzig Jahren in Deutschland, mittlerweile mit einem deutschen Pass, einwandfreien Sprachkenntnissen, schwarzen Locken, breiten Wangenknochen, ein Aussehen, das Menschen immer wieder das Recht zu geben scheint, sie zu ihrem Migrationshintergrund zu befragen. Und zwei junge Männer aus Syrien, beide kaum volljährig. Die Bezeichnung für sie lautet »Flüchtling«, der Aufenthaltsstatus ist unbefristet. Ihre Sprachschule fängt früh an, manchmal verschlafen sie, manchmal gehen sie nicht hin, weil sie andere, die gerade angekommen sind und sich noch weniger auskennen, auf Ämter begleiten.

An diesem Nachmittag bei uns in der WG-Küche echauffierte sich meine Mutter darüber, dass sie mir einen Davidstern habe kaufen wollen, aber keines der Juweliergeschäfte in der niedersächsischen Stadt, in der sie wohnt, einen vorrätig gehabt habe. Ich glaube, es war Yazan, der sofort aufschrie: »Abla, mein Onkel hat um die Ecke einen Juwelierladen, komm vorbei, wir machen dir einen Davidstern. So viele du willst.«

Erst nachdem die Wochenzeitung meine Geschichte abgelehnt hatte, fiel mir der Schluss für meinen Text ein: Ich hätte erzählt, wie ich mit meinen beiden Mitbewohnern im *Schwuz* tanzen war, dem legendären Schwulenclub in Berlin-Neukölln. Sie sind zwar hetero, stehen aber trotzdem auf gute Musik.

Was machen Alice Weidel, Jens Spahn und die »Juden in der AfD« mit unserer muslimisch-jüdisch-queeren Tanzkultur? Mit unseren Freundschaften? Mit unseren geteilten Geschichten?

Wo waren die 43,8 Prozent der Bevölkerung, die voll und ganz oder mindestens tendenziell dem Satz zustimmten, »Homosexuelle sollten aufhören, so einen Wirbel um ihre Sexualität zu machen«, als meine Freundin und ich auf der Kottbusser Brücke in Kreuzberg angepöbelt wurden, als ich die Beleidigung »scheiß Lesben«

nicht runterschlucken wollte, sondern zurückschrie und der Mann auf mich losging? Ich glaube, sie waren da. Ich glaube, sie haben weggeschaut. Geholfen haben mir zwei Passanten, die phänotypisch unter das Raster »Moslem« fallen. Ich kenne sie nicht weiter, wir haben uns, nachdem sie den Pöbler weggejagt hatten, kaum unterhalten. Aber ich wusste, dass die beiden, als sie mir und meiner Freundin eine Zigarette anboten, das Gefühl der Verletzbarkeit, das wir in dem Moment empfanden, kannten. So unterschiedlich wir auch sind, liegt unser jeweiliges Wissen um das Aus-dem-Raster-Fallen sehr nah beieinander. Unser Wissen um das Niemals-normal-Sein. Wir sind immer sichtbar.

Diese beiden Männer von der Kottbusser Brücke und Mazen und Yazan sind Teil einer großen, sind Teil meiner Community. Sie formiert sich nicht nach sexuellen Präferenzen, Geschlechtsidentitäten oder Religionszugehörigkeit. Wir sind die *anderen*, die wissen, dass *normal* uns nichts zu sagen hat. *Normal* ist keine Autorität für uns. Wir werden füreinander da sein, wenn die Mehrheitsgesellschaft zuschaut und nicht eingreift. Wir müssen uns nicht in allem einig sein, wir müssen uns nicht einmal mögen. Aber wir wissen um die Kraft der Allianzen. Also schaffen wir unsere eigenen Strukturen, und wenn wir in Gefahr sind, werden wir uns aufeinander verlassen können. Wir sind die Alternative für Deutschland.

Arbeit

von Fatma Aydemir

Mit einem aufgesetzten Lächeln und wallenden Aladinhosen kommt sie auf mich zugesprungen und sagt, sie wisse nun, warum ich ein Vorstellungsgespräch bekommen hätte. »MIGRANTENBONUS!« Wie eine Backpfeife klatscht sie mir das Wort mitten ins Gesicht. Sie und ich sind Praktikant_innen bei einem großen deutschen Fernsehsender. Sechs Wochen lang versuchen wir, Eindruck auf die Redaktion zu machen, weil wir Journalist_innen werden wollen. Aber in Wahrheit kann sich hier niemand unsere Namen merken.

»Was hast DU denn für eine QUALIFIKATION??«, hat sie mich zuvor schon in der Mittagspause gefragt, als ich nervös erzählte, dass ich ein Vorstellungsgespräch für ein Volontariat bei einer Tageszeitung hätte. Jetzt knabbert sie an ihrer Unterlippe herum. Es nagt an ihr. Obwohl eine Einladung noch lange kein Volontariat und ein Volontariat noch lange kein richtiger Job ist, sondern nur eine weitere prekäre Ausbildungssituation. Obwohl sie selbst doch lieber zu »National Geographic oder so« will. Sie hat nun aber wie verrückt gegoogelt und die Ausschreibung zum Volontariat gefunden: »Bewerber mit Migrationshintergrund bevorzugt! Das ist nicht gerade fair«, sagt sie.

»Was ist schon fair?«, hätte ich fragen und ihr eine zurückklatschen sollen. Stattdessen ging ich noch nervöser ins Gespräch. Die Stelle habe ich nicht bekommen. Egal. Ich fand die Ausschreibung trotzdem gut, weil sie implizierte, dass es ein Ungleichgewicht gibt, das der Branche schadet. Dass eine weitere weiße deutsche Volontärin nicht unbedingt einen Mehrwert bietet. Und vielleicht ist das Wort Migrantenbonus auch gar nicht so falsch. Nur dass es kein Bonus ist, den wir *erhalten*, sondern einer, den wir *vergeben*: Vielleicht wissen aufmerksame Arbeitgeber_innen inzwischen einfach, dass sie von uns für das gleiche Geld mehr bekommen.

Keine Ahnung, ob es so etwas gibt wie eine typisch deutsche Eigenschaft. Aber was mir auf Auslandsreisen immer wieder auffällt, ist, wie verquer das Bild ist, das man von den Deutschen hat: »Die Deutschen denken immer nur ans Arbeiten.« Ja, mag sein, dass das Renteneintrittsalter hier höher liegt als in anderen Ländern. Und ja, auch hat Fleiß als preußische Tugend zumindest rhetorisch noch einen hohen Stellenwert in diesem reichen Exportweltmeisterland. Doch um ehrlich zu sein: Wenn ich mich umschaue, sehe ich in diesem Land niemanden, der so hart arbeitet wie Migrant_innen. Niemanden. An Burn-out aber leiden immer nur die Deutschen. Komisch.

Sie finden, das ist eine scheißignorante Bemerkung?

Stimmt. Eine äußerst gefährliche Annahme? Stimmt auch. Aber wissen Sie, was mindestens genauso gefährlich ist? Sich aus Angst vor Arbeitslosigkeit selbst bei der schlimmsten Grippe nicht krankmelden zu können. Es gibt viele Statistiken zu Burn-out, nur leider keine, die die Zahlen von Betroffenen mit Migrationshintergrund erfasst.[8] Das ist bemerkenswert, wo doch die »Volkskrankheit Burn-out« seit Jahren zu den populärsten Schlagzeilen der deutschen Medien gehört. In migrantischen Communitys ist die Krankheit seltsamerweise, verglichen mit der deutschen Dominanzkultur, kaum Thema – obwohl die Symptome unübersehbar präsent sind. Vielleicht ist der andauernde Erschöpfungszustand für viele einfach so sehr Normalität, auch generationenübergreifend, dass kaum Diagnosen erfolgen. Vielleicht gilt das Sprechen über mentale Krisen auch als Schwäche, gerade unter denjenigen, die lernen mussten, besonders stark zu sein, um in dieser Gesellschaft zu überleben. Was aus den oben genannten Statistiken nämlich hervorgeht: Mit geringerer Wertschätzung für die jeweilige Angestellte steigt das Burn-out-Risiko immens. Und wessen Arbeit wird in diesem Land weniger wertgeschätzt als die von Migrant_innen? Eben.

Ich bin im Deutschland der Neunzigerjahre aufgewachsen, in dem die widersprüchlichen Parolen »Ausländer sind faul« und »Ausländer nehmen uns die Arbeit weg« teilweise aus denselben Mündern miteinander konkurrierten. In meiner eigenen Familie, die über das Anwerbeabkommen zwischen der BRD und der Türkei in den frühen Siebzigerjahren eingewandert ist, konnte es sich weder jemand leisten, faul zu sein, noch, irgendwem die Arbeit wegzunehmen. Alle arbeiteten immer in den Jobs, die nicht für Deutsche, sondern für sie vorgesehen waren. Leute wie mein Großvater wurden angeworben, weil sie leichter ausgebeutet werden konnten als inländische Arbeiter_innen: gewerkschaftlich kaum organisiert, flexibel, dankbar um jede Sonntagszulage. Während also der überwiegende Teil der Wohlstandsgesellschaft ab den Sechzigern Minigolf spielte und schicke Autos fuhr, waren es die »Gäste« aus Südeuropa, Nordafrika und der Türkei, die unter unwürdigen Bedingungen in den Fabriken schufteten, um diesen Wohlstand zu generieren. Dass die Arbeitsmigrant_innen kein Deutsch sprachen und sich kaum »integrierten«, war damals nicht von Interesse. Im Gegenteil: Besser, sie blieben unter sich, lebten in denselben Stadtvierteln und pflegten ihre »eigene« Kultur und Religion. So war es leichter, sie zu kontrollieren und bei Bedarfsende wieder zurückzuschicken.

Die »Gastfreundschaft«, die den Arbeitsmigrant_innen in Deutschland zu jener Zeit entgegengebracht wurde, beschrieb die Dichterin und Gastarbeitertochter Semra Ertan sehr eindrucksvoll in ihrem Gedicht »Mein Name ist Ausländer«[9]. Während dieses Gedicht in der Türkei zeitweise in Schulbüchern abgedruckt wurde, sind Ertans Werk und ihr tragisches Schicksal in Deutschland bis heute leider kaum bekannt. Im Jahr 1982, als Rassismus in Deutschland einen neuen sichtbaren Höhepunkt erreicht hatte, rief die 25-jährige Ertan beim NDR-Hörfunk an, las das Gedicht vor und kündigte ihren wenige Tage später folgenden Suizid an, den sie als Protest gegen den Rassismus in Deutschland bezeichnete. Die Anfangszeilen gehen so:

Ich arbeite hier
Ich weiß, wie ich arbeite
Die Deutschen wissen es auch
Meine Arbeit ist schwer
Meine Arbeit ist schmutzig
Das gefällt mir nicht, sage ich

»Wenn dir die Arbeit nicht gefällt,
geh in deine Heimat«, sagen sie

Ungefähr zur selben Zeit wurde auch meinem Großvater gesagt, er solle in seine Heimat zurückgehen. Wobei »gesagt« etwas untertrieben ist. Mit der sogenannten »Rückkehrprämie«[10] lockte ihn die Bundesregierung regelrecht nach der zweiten Ölkrise Anfang der Achtzigerjahre. 10 500 D-Mark sollte er bekommen, wenn er willens war, Deutschland für immer zu verlassen. Zusätzlich wurden 1500 D-Mark extra angeboten für jedes Kind, das er mitnahm. Die BRD wollte ihn loswerden, nachdem er jahrelang Siebentagewochen in einer Stahlfabrik abgeleistet hatte, deren chemische Rückstände so unberechenbar giftig sind, dass das Areal heute, knapp dreißig Jahre nach Schließung der Fabrik, immer noch zubetoniert und umzäunt ist, wie ein Schandfleck mitten in der Stadt. Großvater ging, meine Eltern blieben (güle güle, 1500 D-Mark) – und schufteten weiter.

Ich konnte gerade mal meinen Namen schreiben, da machte meine Mutter schon drei Jobs gleichzeitig: morgens Bäckerei, mittags Kartonfabrik, nachts Wäscherei. Mein Vater arbeitete fast vierzig Jahre im grellen Halogenlicht von Fabriken und verfiel kürzlich in eine Krise, weil er zum ersten Mal in seinem Leben arbeitslos war. Sein Arbeitgeber hatte ihn im Zuge eines Stellenabbaus entlassen. Doch hielt mein Vater es keine drei Monate zu Hause aus. Dann ließ er sich von einer Zeitarbeitsfirma in eine andere Fabrik schicken, für den halben Lohn und weniger Urlaubsanspruch. Er ist trotzdem zufriedener. Denn er kann nicht mehr nicht arbeiten.

Ich erzähle das nicht, weil ich meine Eltern als »fleißige« Menschen loben will. »Fleiß« wird uns schon in der Grundschule als positive Eigenschaft gelehrt. Doch diese einseitige Konnotation verschleiert die häufigste Ursache, die aus Arbeiter_innen fleißige Arbeiter_innen macht: Existenzangst. Sie ist immer da, auch wenn sie irgendwann nicht mehr rational begründet ist. Alle Arbeiterfamilien kennen das, oder Leute, die in solchen aufgewachsen sind. Das süße Slackerleben, das aus Flanieren und Kaffeetrinken in hippen Großstadtkiezen besteht, kann sich nur gönnen, wer – im Zweifelsfall – weich fällt. Wir anderen nutzen jede freie Minute, um ein paar Euro extra auf die Seite zu packen, für schlechtere Zeiten. Doch womit deutsche Kolleg_innen nicht leben müssen, sind rassistische Anfeindungen, strukturelle

Diskriminierungen und der Verlust des Aufenthaltsstatus beziehungsweise die permanente Angst davor. Deutsche werden nicht in weit entfernte Länder abgeschoben, weil sie nicht genug verdienen. Migrant_innen schon.

Lohnarbeit ist für viele Menschen die einzige Rechtfertigung dafür, dass sie in diesem Land leben dürfen. Der Aufenthaltsstatus hängt neben einem sauberen Führungszeugnis am stärksten vom Einkommensverhältnis ab. Und Sozialbezüge sind eine der größten Hürden für die Einbürgerung in die deutsche Staatsangehörigkeit. Ich habe mich vor ein paar Jahren als Erste (und bisher Einzige) in meiner Familie um die Einbürgerung beworben. Nach einem Jahr Papierkrieg war es endlich so weit. Doch noch am Tag der offiziellen Einbürgerung mit Urkunde und Tamtam im Rathaus Neukölln musste ich erneut meinen aktuellen Lohnnachweis vorzeigen – um zu beweisen, dass ich immer noch unbefristet angestellt war. Immer noch des deutschen Passes würdig.

Nicht nur rechtlich werden Hartz IV und Sozialleistungen schnell zum Problem, auch gesellschaftlich sind sie das ewige Stigma der anderen. »Masseneinwanderung ins deutsche Sozialsystem«, »Wirtschaftsflüchtlinge«, »Asyltourismus« – immer häufiger werden rechte Kampfbegriffe normalisiert. Inzwischen dominieren sie Politik und Medien. Damit wird Angst geschürt vor denen, die gekommen sind, um den Deutschen etwas wegzunehmen. Doch die einzige plausible Erklärung für diese Verlustangst ist Rassismus. Sonst nichts. Deutschland hat schon immer von Zuwanderung profitiert und tut es heute noch, ganz egal, was uns besorgte Bürger und Heimatminister weismachen wollen. Migration ist immer auch Arbeitsmigration. Niemand kommt hierher mit der Hoffnung, dass es in Deutschland gratis Hängematten gibt.

So war etwa ein Viertel der 2015 im Zuge des Syrienkriegs Zugewanderten bereits drei Jahre später sozialversicherungspflichtig angestellt. Die Dunkelziffer der informell Beschäftigten auf Baustellen, im Einzelhandel oder in der Gastronomie dürfte wesentlich höher liegen. »Aber die zahlen keine Steuern und kassieren Hartz IV!«, mag sich nun eine_r empören. Stimmt. Das gilt sicherlich für einige. Nur frage ich mich, wieso gerade dieses Argument so inflationär gebraucht wird, während eine Partei wie die AfD 400 Millionen Euro Steuergelder lediglich dafür erhält, dass sie vier Jahre lang menschenfeindliche Politik im Bundestag betreibt. Ein nicht zu vernachlässigender Teil unseres Bruttogehalts fließt auf Konten von vorbestraften Rechtsextremen, damit sie als Mitarbeiter in AfD-Abgeordnetenbüros rumsitzen und uns unser Existenzrecht absprechen können. Aber klar, Hauptsache, man tritt nach unten. Plus: Wenn die Behörden tatsächlich ein Interesse daran hätten, unangemeldete Arbeit in den oben genannten Branchen zu regulieren, würden die Arbeiter_innen sicher nicht Nein sagen zu Arbeitsunfallversicherung und Mindestlohn.

Doch auch für hier geborene Migrant_innenkinder der zweiten oder dritten Generation wie mich sowie People of Color im Allgemeinen ist der deutsche Arbeitsmarkt ein kräftezehrender Hürdenlauf. Es ist schön, dass es immer mehr von uns gibt, die es durch das rassistische Schulsystem schaffen und das Privileg genießen, eine Uni schon mal von innen gesehen zu haben. Trotzdem gehen die begehrten Posten am Ende meistens an unsere weißen Kommiliton_innen. Oder ist es Zufall, dass das Personal etwa in öffentlichen Institutionen und in der Medienbranche bestenfalls so divers ist wie der Cast einer Lena-Dunham-Serie?

Jene von uns wiederum, die es dennoch irgendwie in einen »weltoffenen«, wenn auch weiß dominierten Betrieb geschafft haben, erleben leider zu oft den Effekt des Tokenism: »Natürlich sind wir divers. Wir haben doch Fatma!« Ja, aber jede vierte Person in Deutschland hat eine Migrationsgeschichte.[11] Sofern dieser fiktive Betrieb also nicht nur aus vier Personen besteht, hält Fatma nur als *Token*[12] hin – als Stellvertreterin einer Minderheit, die Chancengleichheit simulieren und über Strategien zur Erhaltung von Machtstrukturen hinwegtäuschen soll. Die Frage, ob Fatma wenigstens das Gleiche verdient wie ihre Kolleg_innen, muss oftmals unbeantwortet bleiben, weil Geld nach Rassismus das zweitgrößte Tabuthema der Deutschen ist. Gleichzeitig darf Fatma neben ihrer Lohnarbeit höchstwahrscheinlich noch unbezahlte Aufklärungsarbeit leisten, wenn in der Kaffeeküche wieder mal eine Integrationsdebatte entflammt. Danke für nichts.

»Du musst immer doppelt so hart arbeiten wie die Deutschen, wenn du was schaffen willst.« Wir alle kennen diesen Satz. Wir haben ihn verinnerlicht und werden ihn so schwer wieder los wie den Ohrwurm eines Ariana-Grande-Songs. Einerseits ist das gut so, denn unsere Eltern haben sich etwas dabei gedacht, als sie ihn rauf- und runtergebetet haben. Andererseits fügt sich der Satz leider wunderbar in die neoliberale Erzählung ein, der zufolge wir alles schaffen können, wenn wir uns nur genug anstrengen. Als gäbe es keine rassistischen und patriarchalen Strukturen. Kein Vitamin B.

Stellenausschreibungen, in denen explizit »Menschen mit Diskriminierungserfahrung« oder »Migrationshintergrund« zur Bewerbung aufgefordert werden, waren mal ein guter Anfang. Aber sie lösen das Problem nicht. Zwar wird hier immerhin eine Ungerechtigkeit festgestellt, der es entgegenzuwirken gilt. Doch ohne festgeschriebene Regeln wie etwa Quoten versanden solche Ausschreibungen letztlich als symbolische Geste. Am Endc zählt nicht die gut gemeinte Formulierung, sondern wer eingestellt wird. Und wer nicht.

Migration ist immer ein Versprechen auf ein besseres Leben, einen German Dream. Der German Dream meiner Großeltern war, etwas Geld zur Seite zu legen und damit in der Türkei ein Stück Land zu kaufen. Der German Dream meiner Eltern war, ihren Kindern ein Studium zu ermöglichen und ein großes deutsches Auto zu fahren. Und was ist meiner? Ganz einfach: Ich will den Deutschen ihre Arbeit wegnehmen. Ich will nicht die Jobs, die für mich vorgesehen sind, sondern die, die sie für sich reservieren wollen – mit der gleichen Bezahlung, den gleichen

Konditionen und den gleichen Aufstiegschancen. Mein German Dream ist, dass wir uns alle endlich das nehmen können, was uns zusteht – und zwar ohne dass wir daran zugrunde gehen. Rest in Power, Semra Ertan.

Vertrauen

von Deniz Utlu

1

In dem Jahr, in dem ich Abitur machte, brachten US-Streitkräfte den Bremer Murat Kurnaz nach Guantánamo, weil sie ihn fälschlich für einen Terroristen hielten. Er ist nur ein Jahr älter als ich. Auch er das Kind von Eltern, die aus der Türkei eingewandert waren. Später hieß es, dass die USA ihn schließlich als unschuldig eingestuft hätten und nach Deutschland schicken wollten, aber die Bundesrepublik hätte die Einreise verweigert. Ich empfand das damals als eine Ansage an mich, an alle, die Eltern aus der Türkei oder aus muslimisch geprägten Ländern hatten: Wenn du zur falschen Zeit am falschen Ort sein solltest, bist du auf dich alleine gestellt.

Zwei Jahre lang, von 2005 bis 2007, beschäftigte das mich und die Redaktion des Magazins *freitext*, das ich herausgab. Es handelte sich um ein politisches Literaturmagazin, das es sich zur Aufgabe gemacht hatte, eine Wirklichkeit zu repräsentieren, in der wir lebten, aber die wir in Kunst und Medien nicht wiederfanden: ein Deutschland der vielen, das auf das Empowerment der Marginalisierten ausgerichtet ist. Wir fühlten uns alleine mit dem Thema, denn in den Massenmedien hieß Murat Kurnaz damals noch »Bremer Taliban«. Kein Publizist machte sich für ihn stark. Im Gegenteil lieferten die Medien die diskursive Rechtfertigung für das Verbrechen, das ihm angetan wurde. Und auch das hat etwas mit Vertrauen zu tun.

Ich interviewte Kurnaz' Anwalt Bernhard Docke für unser Magazin am Telefon. Er nahm sich so viel Zeit für uns, dass ich das Gefühl hatte, mich entschuldigen und rechtfertigen zu müssen, dass wir nur ein Nischenmagazin waren und dass unsere Reichweite verglichen mit den Mainstreammedien vollkommen unbedeutend bleiben musste. Aber Docke winkte das ab, sagte, dass jede, wirklich jede Aufmerksamkeit jetzt hilfreich sei. Die rot-grüne Koalition hatte alles Erdenkliche getan, um Murat Kurnaz' Rückkehr nach Deutschland zu verhindern. Die USA hatten ihn bereits 2002 nach Deutschland zurückschicken wollen. Das Kanzleramt arbeitete aber einen »Fünf-Punkte-Plan« aus, wie Murat Kurnaz auf Distanz gehalten werden könnte. Erst Angela Merkel war es, die sich nach ihrer Amtsübernahme 2005 um ihn kümmerte und dafür sorgte, dass er 2006 wieder in Deutschland war. Im März 2007 schrieb Navid Kermani in der *taz*: »Und doch ist es eben dieser bärtige junge Mann mit den zotteligen Haaren, an dessen Geschichte abzulesen sein wird, was unsere Werteordnung uns wirklich gilt. Wir sind Murat Kurnaz.« Ich und andere Mitstreiter_innen aus dem *frei-*

text-Team waren ein Stück – wenn auch geringfügig – erleichtert: Eine Person, ein Publizist, sagte ja doch etwas.

Eine Sache ist es, wenn das Land, in dem du aufgewachsen bist, sich nicht um dich schert. Eine andere ist es, wenn das Land samt Regierung (Kanzleramt, Innenministerium, Auswärtiges Amt und auf Landesebene die Bremer Landesregierung), Sicherheitsbehörden (Verfassungsschutz und Bundesnachrichtendienst) sowie die Presse sich gegen einen stellen, ja bekämpfen. Dass Murat Kurnaz türkischer Staatsbürger ist oder zumindest in seiner Zeit in Guantánamo war, ändert nichts an dem großen Vertrauensbruch. Vertrauen heißt ja nicht nur, dass ich mich darauf verlasse, dass die Behörden ihre Pflicht erfüllen, sondern Vertrauen heißt, dass ich, ohne dass ich das überprüfen könnte, davon ausgehe, dass sie keine Möglichkeit ungenutzt lassen, sich für mich einzusetzen, wenn es darauf ankommt. Die Behörden haben Möglichkeiten genutzt, aber nicht für, sondern gegen Murat Kurnaz. Heute lebt er wieder in Bremen. Im Fernsehinterview bei Beckmann am 16. Oktober 2006 sagte er auf die Frage, ob Deutschland immer noch seine Heimat sei: »Ich bin hier geboren und aufgewachsen, ich bin hier zur Schule gegangen, ich unterscheide mich nicht von irgendwem anders, der hier aufgewachsen ist. Ich bin aus Deutschland.« Eine biografische Tatsache, die unabhängig von seiner Staatsbürgerschaft seine Zugehörigkeit markiert.

Unter den Maßnahmen der Bundesregierung, Murat Kurnaz aus Deutschland fernzuhalten, war auch diese:

Seine Aufenthaltsgenehmigung sei abgelaufen, weil er sich länger als sechs Monate im Ausland aufgehalten hätte. Struktureller Rassismus: Gesetze so auslegen, dass sie maximal nachteilig auf bestimmte Menschen wirken, obwohl diese Auslegung jedem ethischen Gefühl widerspricht – es war bekannt, was in Guantánamo geschah – und eine andere Auslegung möglich ist. Übrigens geht es hierbei überhaupt nicht darum, ob der Beamte mit dieser ausgeklügelten Idee selbst rassistisch ist oder nicht: Jemand hat seine Analyse gewünscht, jemand hat seinen Vorschlag, der vielleicht einer unter mehreren war, angenommen, jemand hat ihn umgesetzt. Der Beamte, von dem der Vorschlag kam, ist indes niemand Geringeres als Hans-Georg Maaßen, der damals Referatsleiter im Innenministerium war. Im Spätsommer 2018 löste er eine Regierungskrise aus, weil er öffentlich der Kanzlerin widersprach, dass in Chemnitz, wo tagelang Rechtsradikale demonstriert hatten, »Hetzjagden« auf als migrantisch wahrgenommene Menschen stattgefunden hätten. Die Bundesregierung hatte Maaßen 2012 an die Spitze des Verfassungsschutzes gesetzt. Damals war, nach der Selbstenttarnung des NSU im November 2011, das Vertrauen der (post)migrantischen Bevölkerung gegenüber deutschen Sicherheitsbehörden kaum noch vorhanden. Und jetzt sollte jemand dieses Vertrauen wiederherstellen, der selbst in Verbindung mit strukturellem Rassismus im Fall Kurnaz stand? Wessen Vertrauen eigentlich? Die drei Eklats aus dem Spätsommer und Herbst 2018 – erstens: Maaßen habe der AfD womöglich Informationen zukommen lassen, und zweitens: seine Äußerungen zu Hetzjagden in Chemnitz, und drittens: seine Abschiedsrede im Bundesamt für Verfassungsschutz, wo er noch einmal seine Meinung unterstrich und betonte, dass die gesamte Flüchtlingspolitik der Bundesregierung falsch gewesen sei – beschädigten abermals das Vertrauen in die Sicherheitsbehörden. Maaßen ist hier nur Symbol eines Vertrauensverlusts, der weit über ihn hinausragt. Vertrauen heißt, dass ich mir sicher sein kann, dass es den falschen Ort und die falsche Zeit für mich nicht gibt. Vertrauen ist größer als Wissen, es ist das beruhigende Gefühl, dass ohne jeden Zweifel die Verantwortlichen in Behörden die Fähigkeit und die Integrität haben, wo sie können, das Beste für die Menschen zu tun. Dass alles schon in Ordnung sein wird. Aber dieses Gefühl ist nicht mehr da.

2

Die afrodeutsche Lyrikerin May Ayim hat bereits Anfang der 1980er-Jahre ein Gedicht mit dem Titel »Vertrauen« geschrieben. Sie war eine wichtige Stimme der Schwarzen Bewegung in Deutschland und hat in einem Kreis gemeinsam mit anderen Denkerinnen, Poetinnen und Aktivistinnen überhaupt erst den Begriff »afrodeutsch« als Selbstbezeichnung von Schwarzen Menschen in Deutschland entwickelt. In ihrem Gedichtband *blues in schwarz weiß*[13], dem einzigen, den sie zu Lebzeiten veröffentlicht hat, suche ich danach, was Vertrauen in Deutschland aus einer Perspektive des Empowerments bedeuten kann. Auch wenn es vor allem der Soziologe Niklas Luhmann ist, auf den aktuelle Vertrauensdefinitionen häufig zurückgehen, scheint es mir wichtig, zunächst nicht expliziten Definitionen als vielmehr einer poetischen Wahrnehmung zu folgen, insbesondere einer Poesie, die bei aller Zartheit die Dominanzkultur herausfordert. In ihrem Gedicht beschreibt May Ayim, was Vertrauen bedeuten könnte: »gelassen / wie ein Spiegel / zeigen was ist / ohne Angst zerschlagen zu werden / von dem was sichtbar wird / bevor was sichtbar wird«. Es handelt sich um das vierte Gedicht im »die zeit danach« betitelten dritten Zyklus des Bandes. Für sich gelesen, kann es das Vertrauen in der Familie, Liebe oder Freundschaft genauso meinen wie in der Gesellschaft: Kann ich mich zeigen und die Dinge benennen oder spiegeln, wie sie mir begegnen, ohne Konsequenzen für mich, ohne »zerschlagen zu werden«? In dem Zyklus, in den das Gedicht eingebettet ist, verbinden sich Liebe und Verlust über eine Anrufung der Ahnen und Gefährt_innen mit Emanzipation. So endet der Zyklus beispielsweise nach einer »vision« des Küssens, Sehens und Verstehens mit einer Betrauung der Dichterin Audre Lorde, deren Erbe das lyrische Ich annimmt: »ihr wirken lebt weiter / in ihren werken / unsere visionen / tragen erfahrungen / ihrer worte«. Das Gedicht »Vertrauen« bekommt durch diese Einbettung im Zyklus noch mindestens zwei weitere Dimensionen, eine, die in die Vergangenheit – vielleicht ins Jenseits – reicht: Der

»spiegel« zeigt auch die Ahnen, ihre Taten und Visionen, was »sichtbar« wird, zerschlägt nicht, sondern stärkt. Das »Vertrauen« im Titel ist dann ein Imperativ: vertraue deinen Ahnen, »gelassen / wie ein Spiegel«.

Das Gedicht beschreibt, zweitens, Vertrauen als eine Abwesenheit von Angst, und zwar eine Angst, sich zu zeigen, weil »zerschlagen« werden könnte, was sichtbar wird. Vertrauen steht für das lyrische Ich folglich in einem Zusammenhang mit Freiheit, nämlich der Freiheit, sich zu zeigen, sich nicht verstecken zu müssen. »der käfig hat eine tür«, das nächste Gedicht – laut Datierung sechs Jahre später im Jahr 1990 geschrieben –, endet dann mit den Zeilen »es ist mir inzwischen lieber / ich bin ausgegrenzt / es ist mir lieber / ich bin / nicht eingeschlossen«. Mit dem Vers »die staben sind stäbe / die punkte sind anfänge« schickt Ayim vielleicht einen Gruß an Rilkes Panther-Gedicht: »Ihm ist, als ob es tausend Stäbe gäbe und hinter tausend Stäben keine Welt.« Auch Rilke sucht nach Freiheit trotz Gefangennahme (hier des Panthers) und findet im Käfig: »Kraft um eine Mitte, / in der betäubt ein großer Wille steht.« Dass Ayims Käfig eine Tür hat, mag anspielen auf Maya Angelous autobiografischen Text »Ich weiß, warum der gefangene Vogel singt« über das Leben einer jungen Schwarzen Frau in den USA der Dreißigerjahre, der 1969, also ein Jahr nach der Ermordung Martin Luther Kings, erschienen ist. Diesen spricht May Ayim im nächsten Gedicht »mit erhobener Faust« an. In dem Kontext der Schwarzen Bürgerrechtsbewegung – nicht nur der US-amerikanischen, auch der deutschen, beispielsweise durch das Gedicht ANA, das den Tod von Ana Herrero-Villamor verarbeitet, die sich bei der Initiative Schwarzer Menschen in Deutschland engagierte – bekommt der Aspekt der Sichtbarkeit in dem Gedicht »Vertrauen« eine zusätzliche, eine dritte Dimension: nämlich der Vulnerabilität von Menschen, die rassistischer Gewalt ausgesetzt sind. Zur Mehrheitsgesellschaft geöffnet, formuliert May Ayims Gedicht eine Frage: Ist Vertrauen möglich, kann ich euch vertrauen? Zu den Ahnen, also den Vorreiter_innen Schwarzer Emanzipation und einstmaligen Weggefährtinnen geöffnet, formuliert das Gedicht ein Versprechen: Ihr könnt mir vertrauen, ich trage eure Vision weiter.

Das Gedicht hat May Ayim vor den Pogromen an migrantisierten Menschen Anfang der 1990er geschrieben. Den Gedichtband hat sie aber 1995 veröffentlicht, also nach den Brandanschlägen in Mölln, Rostock und Solingen. Sie verarbeitet darin den Schmerz dieser Zeit, etwa in ihrem Gedicht »deutschland im herbst«, wenn sie schreibt: »im neuvereinigten deutschland / das sich so gerne / viel zu gerne / wiedervereinigt nennt / dort haben / in diesem und jenem ort / zuerst häuser / dann menschen / gebrannt«. Im selben Gedicht spricht sie eine Strophe zuvor von der Ermordung Amadeu Antonios in Eberswalde im November 1990 durch Neonazis, »und die Polizei / war so spät da / dass es zu spät war / und die zeitungen waren mit worten / so sparsam / dass es schweigen gleichkam / und im fernsehen kein bild / zu dem mordfall«. Die Bundesregierung erkennt in offiziellen Statistiken 83 Todesopfer durch rechtsextreme Gewalt seit dem Mauerfall an.

Im langfristig angelegten großen Recherche-Projekt der Zeitungen *Tagesspiegel* und *Die Zeit* handelt es sich jedoch um mindestens 169 Tote durch rechtsextreme Gewalt seit 1990. May Ayim, 1996 gestorben, hat die rechtsterroristischen Morde des Nationalsozialistischen Untergrunds und die Selbstenttarnung der Terrorzelle durch den Selbstmord zweier Mitglieder im November 2011 nicht mehr mitbekommen. Ihr Gedicht »deutschland im herbst« endet mit den Zeilen: »so ist es: / deutschland im herbst / mir graut vor dem winter«. Das Grauen ist nicht nur ein Grauen vor der Gewalt der Neonazis, es ist vor allem ein Grauen vor einem Staat, der nicht schützt, dessen Polizei nicht eingreift, wenn der Mob die Unterkünfte von Geflüchteten oder migrantischen Arbeiter_innen – wie das Sonnenblumenhaus der vietnamesischen Arbeiter_innen in Rostock-Lichtenhagen – jubelnd anzündet. Ein Grauen vor einem Gesetzgeber, der nicht Gesetze erlässt zum Schutz der Bedrohten, sondern zur Bestärkung der Angreifer_innen – nämlich mit der Quasi-Abschaffung des Asylparagrafen im Grundgesetz als Reaktion auf die Pogrome Anfang der Neunziger, wozu es einer Zweidrittelmehrheit, also der Stimmen von Abgeordneten aus allen Parteien bedurfte. Das Grauen ist die Abhängigkeit von einem Schutzverpflichteten – und in einer Demokratie liegt die Schutzpflicht samt Gewaltmonopol beim Staat –, dem die Schützlinge unmöglich vertrauen können. Alle Schützlinge? Nein, gemeint sind »die ›lieben ausländischen mitbürgerInnen‹ / weiterhin ohne bürgerrechte versteht sich / (...) die ›kanaken‹ von nebenan / die schwarzen oder wie auch immer bindestrich-deutschen / (...) diejenigen / die die weißmacher der geschichte / schon gestern über-sahen / oder ent-deckten / beschrieben definierten belehrten«. Vertrauen ist erst möglich, wenn alle Menschen gleichermaßen geschützt sind. Es wäre dann nur »möglich« und würde sich sicher nicht automatisch einstellen, denn die Ungeschützten müssten verlernen, was sie seit Jahrhunderten nicht anders kennen. Rassismus ist ein System, das über viele Jahrhunderte gewaltvoll durch Versklavung und Genozid etabliert wurde und für das pseudowissenschaftlich ein Common Sense geschaffen werden musste, das unser aller Weltbild bestimmt, sowohl das der Belasteten als auch das der Privilegierten. Wenn nun das liberale Versprechen, das niemals für alle galt, weil nicht alle gleichermaßen als Menschen aufgefasst wurden – nicht bei Voltaire, nicht bei Hume und nicht bei Kant –, plötzlich alle adressierte, hieße das noch nicht, dass auch gleich das Vertrauen darauf, dass das Versprechen auch wirklich für alle eingehalten werde, hergestellt werden würde. Zumindest nicht rational, denn es würde sich um ein Vertrauen wider besseres Wissen handeln. Allein die staatliche Einforderung eines solchen Vertrauens ist bereits diskriminierend, weil sie sich über die Unterdrückungserfahrung hinwegsetzt. Allenfalls als Trost ist so ein Vertrauensappell denkbar, müsste aber den tröstenden Worten tatsächliche Abhilfe folgen lassen, um nicht am Ende nur blanker Hohn zu sein.

In der Geschichte des Rassismus sind die knapp zwanzig Jahre seit May Ayims Tod im Jahr 1996 nur eine kurze

Zeitspanne. In der Geschichte der Bundesrepublik – es gibt sie ja erst seit 70 Jahren – handelt es sich um eine lange Zeit. Gerade migrationsgeschichtlich sind in den letzten Jahrzehnten viele zentrale Dinge passiert: rechtlich die Veränderung des Staatsbürgergesetzes vom Abstammungsprinzip hin zum Geburtsortsprinzip, was einer juristischen Anerkennung der Bundesrepublik als Einwanderungsland gleichkam; emanzipatorisch die Teilhabe von vielen – im Verhältnis immer noch sehr wenigen – migrantisierten Menschen und People of Color in Wirtschaft, Politik und Kultur, sicherlich als Folge der Emanzipationsbewegungen in den verschiedenen Communitys, wie etwa ISD, Kanak-Attack, Migrant_innen-Selbstorganisationen, die Arbeiter_innenbewegung der Arbeiter_innen aus der Türkei, aber auch aus den anderen Entsendeländern, insbesondere Italien; in der Kulturproduktion hat vor allem die Theaterszene und über diese auch – in viel geringerem Maße – die Literatur, bei, wie man leider sagen muss, Stagnation der Filmszene, eine Öffnung für die Geschichten von Marginalisierten erfahren. Auf der anderen Seite hat sich auch der Rassismus in seiner Wirkweise immer weiter verzweigt. So ist etwa nicht erst in den Jahren nach *nine eleven*, aber insbesondere dann, ein »antimuslimischer Rassismus« entstanden, mit der Folge eines Jahrzehnts der Stigmatisierung und Diffamierung von Menschen, die als Muslim_innen gelesen wurden. Einen Bankrott der Vertrauenswürdigkeit erlitten Medien und staatliche Institutionen mit der bereits erwähnten Selbstenttarnung des NSU. Nachdem diese rechtsradikale Terrorzelle zehn Jahre lang untertauchen und acht türkeistämmige Menschen sowie einen Mann mit griechischen Wurzeln und eine Polizistin ermorden konnte, ist kaum zu erwarten, dass von Rassismus betroffene Menschen den Sicherheitsbehörden ihres Staates vertrauen. Wer die Autobiografie von Semiya Şimşek liest, der Tochter des – nach offiziellem Wissen – ersten Mordopfers Enver Şimşek, kann nachvollziehen, wie die Behörden nicht nur nicht zur Aufklärung der Morde beigetragen, sondern die Aufklärung teilweise verhindert und stattdessen die Angehörigen schikaniert haben. Als 2006 die Angehörigen und die Unterstützer_innen unter dem Motto »Kein zehntes Opfer« demonstrierten, sprachen die Medien immer noch von »Döner-Morden« und Behörden schikanierten weiterhin die Opferfamilien. Im ersten Untersuchungsausschuss des Bundestages, eingerichtet im Januar 2012, der die Aufgabe hatte, die »Versäumnisse« der Sicherheitsbehörden in der NSU-Mordserie zu untersuchen, kamen reihenweise Hinweise, dass die Behörden nicht willens oder nicht fähig waren, die Morde aufzudecken: Sie hatten nicht in der rechtsextremen Szene gefahndet, obwohl die Familien dies teilweise von Anfang an nahelegten. Das Verhalten der Behörden war mitunter von solcher Absurdität, dass zwischen Fiktion und Realität kaum noch zu unterscheiden ist: So setzte beispielsweise die Hamburger Polizei einen Geisterbeschwörer aus dem Iran ein, um eine Verbindung zu den Toten herzustellen. Es schien für die Polizei also plausibler zu sein, dass Geister mit im Spiel waren als

Nazis. Dann der Verfassungsschützer Andreas Temme, der kurz vor oder während des Mordes an Halit Yozgat in Kassel anwesend gewesen war. Forensic Architecture, eine Forschungseinrichtung der Goldsmith-Universität in London, hat später rekonstruiert, dass es ausgeschlossen sei, dass der Beamte des hessischen Landesamtes für Verfassungsschutz nichts von dem Mord mitbekommen habe. Allerdings wurden die Befunde des Instituts vor dem Oberlandesgericht München beim Verfahren gegen Beate Zschäpe nicht zugelassen. Derweil hat das Landesamt für Verfassungsschutz einen internen Bericht zu dem Fall mit einer Geheimhaltungspflicht für 120 Jahre versehen. Dann die vernichteten Akten beim Verfassungsschutz. Nachdem der Präsident des Verfassungsschutzes, Heinz Fromm, im Jahr 2012 früher in den Ruhestand ging, bekam kein Geringerer als nun gerade Hans-Georg Maaßen diesen Posten. Dies alles sind nur einige Beispiele, die aufzeigen, dass jegliches Vertrauen gegenüber a) staatlichen Sicherheitsbehörden, insbesondere dem Verfassungsschutz und der Polizei, wenn es darum geht, vor rassistischer Gewalt geschützt zu werden, b) gegenüber der Politik, die zu keiner Aufklärung beitragen konnte und keine Verantwortung übernahm, c) gegenüber den Medien, die erst von »Döner-Morden« berichteten und dann bis zum Münchner Prozess kaum ein Interesse an dem Thema hatten, für Menschen, deren Körper rassistisch bedroht sind, rational nicht begründbar ist. Staatliche Vertrauensappelle adressieren entweder nicht die Bedrohten oder erachten ihre Verluste und folglich auch das Leben der Bedrohten als nicht besonders wichtig. Oder sie fordern ein nicht rationales Vertrauen, also ein Vertrauen wider besseres Wissen, das eigentlich in den religiösen Kontext gehört. (Religiös, weil ein Vertrauen wider besseres Wissen in einer Antwort auf die Theodizee mit einer Vertiefung des Glaubens begründet ist. Der Philosoph Bernhard Taureck sieht in Vertrauensappellen der Regierung, wie sie nach der globalen Überwachungs- und Spionageaffäre 2013 formuliert worden sind, ein Phänomen, das auf einen Systemwechsel hin zu einer »apokalyptischen Überwachungsdemokratie« deutet. Die Regierung nutzt hier ein Bedürfnis nach Sinnerleben, das eigentlich nur jenseitig erfüllbar ist und außerhalb des Terrains eines säkularen Staates liegt.)

Ein Aspekt verdient noch einmal gesonderte Aufmerksamkeit, nämlich das Vertrauen des Staates gegenüber seinen Bürger_innen. Während das Vertrauen der Bürger_innen in den Staat – der in einer Demokratie ja von ihnen legitimiert ist – vorhanden sein oder aufgebaut werden kann, ist die Vertrauensfrage in die andere Richtung schwer zu stellen. Zunächst einmal liegt das an einer Informationsasymmetrie: Der Staat weiß für gewöhnlich mehr über seine Bürger_innen als die Bürger_innen über ihren Staat. Insbesondere wenn es um Sicherheitsbehörden geht, liegt es in der Natur der Sache, dass sie mehr wissen und auch mehr können. Die Bürger_innen sind zunächst darauf angewiesen zu vertrauen, also obwohl sie es nicht wissen können, davon auszugehen, dass die Polizei sie schützt und nicht verfolgt, dass die Geheimdienste ihre Informationen im Sinne der Bürger_innen nutzen und nicht gegen sie. Umgekehrt gilt das nicht. In dem Moment, in dem ein Geheimdienst vertraut, weil er es nicht weiß oder wissen kann, macht er sich obsolet. (Verfassungsschutz an Bürger: »Wollen Sie die freiheitlich-demokratische Grundordnung durch den Einsatz von Gewalt abschaffen?« Antwort des Bürgers: »Nein, ich doch nicht, würde ich nie tun.« Verfassungsschutz: »Wie schön, dass wir uns gegenseitig vertrauen können.« Bürger: »Ja, finde ich auch.«) Grundsätzlich ist die Bedingung der Wechselseitigkeit des (rationalen) Vertrauens in der Staat-Bürger-Beziehung nicht plausibel. Das nicht rationale Vertrauen – also Vertrauen wider besseres Wissen – des Bürgers in den Staat ist religiös, weil nicht in die Hoffnung einer tatsächlichen Erfüllung investiert wird, sondern das Vertrauen lediglich ein Bedürfnis nach Sinnerleben befriedigt. Das nicht rationale Vertrauen des Staates in den Bürger ist im besten Fall ein Widerspruch in sich, weil der wissende Staat aufs Vertrauen nicht angewiesen ist, und im schlimmeren Fall fahrlässig. (Ein Staat mit fahrlässigen Beamten, die wider besseres Wissen bestimmten Bürgern, etwa Nazis, so sehr vertrauen, dass sie gar nicht erst in ihre Richtung ermitteln, wäre mir immer noch lieber als böswillige Beamte, die in diese Richtung nicht ermitteln, weil sie mit den Nazis sympathisieren oder mit ihnen vernetzt sind. Rassistisch ist das staatliche Handeln in beiden Fällen, da rassistisch bedrohte Mitbürger vom nicht rationalen staatlichen Vertrauen ausgeschlossen sind.)

Negatives Vertrauen ist der Verdacht. Wenn ich nicht weiß, nicht wissen kann, ob ein Umstand eintritt, aber dennoch davon ausgehe, dann heißt das Vertrauen. Wenn dieser Umstand negativ ist, also wenn ich beispielsweise davon ausgehe, dass jemand mit schwarzen Haaren und Kapuzenpullover in einem Handy-Shop etwas stiehlt, ohne dass ich ihn habe stehlen sehen, dann ist das ein Verdacht. Bei den NSU-Morden waren es eben nicht Neonazis gewesen, die die Behörden (und Medien) verdächtigten – ihnen wurde vertraut –, sondern die Opferangehörigen. Und dies aufgrund einer oben bereits erwähnten Verallgemeinerung, nämlich einem rassistischen Blick auf diese Menschen: Natürlich bringen sich Türken gegenseitig um. Ein Satz aus der Fallanalyse des Kriminalhauptkommissars Udo Haßmann zu der Ermordung von »Neun Kleingewerbetreibenden mit ausländischem Hintergrund« aus dem Jahr 2007 »analysiert«, dass die Täter aus migrantischen Communitys selbst kommen müssen und dass es unwahrscheinlich bis ausgeschlossen ist, dass (nicht migrantische) Deutsche die Täter sind: »Die Tötung von Menschen in unserem Kulturkreis«, heißt es da, sei »mit einem hohen Tabu belegt« – anders als bei Migranten, wo es zur Kultur gehöre, dass sie sich die Köpfe einschlagen. Während, wie eben dargestellt, ein Vertrauen von Rassismus betroffenen Menschen gegenüber Staat und Medien rational kaum begründbar ist und ein staatlicher Appell zu vertrauen entweder diese Menschen und ihre Erfahrung übergeht oder ein nicht rationales, also religiöses Vertrauen anrufen möchte, besteht andersherum ein Generalverdacht entlang derselben rassistischen Trennungslinie in der Gesellschaft gegenüber Menschen, die von Rassismus betroffen sind. Dieser Verdacht wird medial (wahrscheinlich nicht erst) seit den 1980er-Jahren immer wieder verstärkt – seien es die Kreuzberger »Jugendbanden« der 1980er-Jahre, die von den Medien, insbesondere vom *Spiegel*, überhaupt erst erfunden wurden, sei es die Diskussion um Ehrenmorde (nicht ob, sondern wie sie geführt wird), etc.

3

Diskussionen um den gesellschaftlichen Zusammenhalt messen dem »Vertrauen« der Bürger_innen in staatliche Institutionen und dem »Vertrauen« der unterschiedlichen Bevölkerungsgruppen untereinander immer wieder besondere Wichtigkeit bei. Der Vertrauensappell an Menschen, die rassistisch potenziell bedroht sind – körperlich durch rechtsextreme Gewalt, verbal durch Medien, existenziell durch die Ressourcenallokation über diskriminierende Märkte –, übergeht die Erfahrung dieser Menschen. Vertrauen bedeutet immer, dass der oder die Vertrauende über das eigene Wissen hinausgeht, aber nicht unbedingt, dass er oder sie wider besseres Wissen handelt. Nachdem (wohl nicht erst) seit dem Mauerfall Staat und Medien nicht zum Schutz, sondern zum Nachteil der von Rassismus betroffenen Gruppen gehandelt haben, ist ein rationales Vertrauen darauf, dass Behörden ihre Möglichkeiten zum Schutz der Menschen nutzen, nicht logisch begründbar (gleichzeitig ist der Appell an ein nicht rationales Vertrauen kaum vereinbar mit einem säkularen, demokratischen Staatsverständnis). Allein durch Maßnahmen, die den strukturellen Rassismus, der tief in die staatlichen Institutionen hineinreicht, glaubhaft bekämpfen, kann Vertrauen in staatliche Behörden entstehen. Das Vertrauen in die Medien und innerhalb der verschiedenen gesellschaftlichen Gruppen ist (schon per Definition) kaum möglich, wenn entlang des Machtgefälles in der Gesellschaft das fehlende Wissen durch Verdacht (negatives Vertrauen) kompensiert wird anstelle von Wohlwollen.

Indes kann Vertrauen ein Spiegel sein, der gelassen zeigt, was ist, und die Kraft derjenigen, die einmal Wege aus der Schutzlosigkeit oder Worte der Solidarität fanden, in die Gegenwart reflektiert.

Liebe[14]

von Sharon Dodua Otoo

Love is … about what we
do not just what we feel.
It's a verb, not a noun.
bell hooks

Bevor ich Mutter wurde, hatte ich mir keine Gedanken darüber gemacht, wie genau ich mit meinen Kindern über Rassismus reden würde. Ich wusste einfach, *dass* ich es tun würde. Meine Eltern hatten bestimmt auch nicht viel darüber nachgedacht. Rassismus wurde wahrscheinlich für sie erst Thema, als sie Mitte der Sechzigerjahre von Ghana nach England gezogen sind. Ich war fünf Jahre alt, als ich meinen Eltern erzählte, dass ich mir wünschte, ich wäre weiß. Mein Vater hat gelacht und mich immer wieder für den Rest des Tages gehänselt. Meine Mutter wurde sauer. Während sie mit mir schimpfte, beschloss ich, das Thema nie wieder nach Hause zu bringen. Mir wurde früh klar, dass meine Kinder nicht so aufwachsen sollten wie ich. Sie sollten sich nicht für ihre Haare schämen, sich für hässlich halten oder gar ihre eigene

Menschlichkeit anzweifeln. Ich hatte mich für nicht liebenswert gehalten. Das sollte bei meinen eigenen Kindern anders sein.

Mein zweiter Sohn, Tyrell, ist 19 Jahre alt und hat gerade eine Schauspielausbildung angefangen. Wenn gefragt, antwortet er meist, dass er deutsch ist. Oft sagt er auch »deutsch-britisch« oder dass seine Eltern aus Münster und London kommen. Er identifiziert sich als Schwarz mit einem großen »S«, weil er damit nicht eine vermeintliche Hautfarbe, sondern die politische Selbstbezeichnung hervorheben will. Menschen, die versuchen, von ihm eine Erklärung zu bekommen, warum er »nicht so deutsch aussieht«, erhalten meistens eine Abfuhr. Ich erzählte Tyrell neulich ein wenig von meiner Kindheit und meiner damaligen Sprachlosigkeit.

»Es war für mich klar«, sagte ich, »dass ihr ein Vokabular brauchen würdet, um die Erfahrungen zu benennen, die ihr in einer überwiegend weißen Gesellschaft machen würdet.«

Tyrell lächelte sanft, als würde er darüber nachdenken, wie er mir die unbequeme Wahrheit beibringen sollte. Er ist sehr geduldig mit mir.

»Hast du jemals darüber nachgedacht«, fragte er, »dass deine Kinder dadurch zu einem Ziel werden würden?«

»Ziel?«, stotterte ich.

»Ja. Genau aus dem Grund.«

»Nein«, gab ich schließlich zu. »Daran habe ich nicht gedacht.«

Woher auch? Ich war wohlerzogen, fleißig und hatte

mich in der Schule gut angepasst. Durch Tyrell erlebte ich überhaupt zum ersten Mal, dass ein Schulkind rassistischen Vorurteilen offen entgegentreten konnte. In der vierten Klasse hatte ein weißes Mädchen mit einem Radiergummi in der Nähe von Tyrells Gesicht herumgefuchtelt. Tyrell fragte sie, warum. Ein weißer Junge antwortete: »Sie versucht, deine Hautfarbe zu entfernen. Schwarze Haut kommt vom Teufel.«

Ich war stolz darauf, dass Tyrell die Situation nicht einfach über sich hatte ergehen lassen. Jedoch war die absolute Leugnung der Demütigung, die Tyrell erfahren hatte, damals das Schlimmste für unsere Familie. Wir wurden von der Klassenlehrerin dazu angehalten, Verständnis für den weißen Jungen aufzubringen, denn er habe es nicht so gemeint. Die Erzieherin betonte, es sei wichtig, dass Tyrell und der Junge sich außerhalb der Schule treffen würden, damit Tyrell erleben könne, wie nett er wirklich sei. Mir wurde sogar empfohlen, zu Hause nicht mit Tyrell über den Vorfall zu reden.

»Ich wollte mich bei dir für meine politische Rüstung bedanken«, sagte Tyrell. »Doch es ist ein Dilemma für mich, weil wir nie den Segen der Unwissenheit erhalten haben.«

Unwissenheit als Segen? Denken wir an den Radiergummi-Vorfall, ergibt das auf jeden Fall Sinn. »Schwarze Haut gleich Schmutz« ist eine gängige Formel, mit der viele Schwarze Menschen im Alltag konfrontiert werden. Zu den »nettesten« Witzen, die ich erleben durfte, gehören Sätze wie: »Wenn ich mich nicht wasche, sehe ich aus wie du!« Warum sind solche Sprüche bei weißen Menschen, auch außerhalb Deutschlands, so beliebt?

In einer *Pears Soap*-Werbung vom Ende des 19. Jahrhunderts gibt es zwei Bilder. Im ersten sitzt ein Schwarzes Kind in einer vollen Badewanne, daneben steht ein weißes Kind mit einem Stück Seife in der Hand. Im zweiten Bild sitzt das Schwarze Kind außerhalb der Badewanne und ist vom Hals abwärts weiß. Die Implikation ist, dass die Seife so wirksam ist, dass sie sogar die schmutzige Haut Schwarzer Menschen sauber waschen kann. Die Normsetzung von weißer Haut ist eine Form von kulturellem Wissen, das in der Kultur und in den Medien immer wieder aufgewärmt wird. In der »Geschichte von den schwarzen Buben« aus *Struwwelpeter* werden zum Beispiel weiße Kinder schwarz, weil sie zur Strafe in ein Tintenfass getunkt werden. Ein weiteres Beispiel ist die berüchtigte UNICEF-Werbekampagne von 2007. Auf vier Bildern wird jeweils ein weißes Kind gezeigt, das für Solidarität mit afrikanischen Kindern plädiert. Die Gesichter und Hälse der weißen Kinder sind grob mit einer undefinierten braunen Farbe beschmiert, die Schmutz oder Schlamm suggeriert. Die Farbe hinterlässt auch auf der weißen Kleidung Spuren. Diese Werbung funktioniert, weil Vorurteile über Schwarze Menschen in überwiegend weißen Gesellschaften so tief sitzen. Hätten meine Kinder sich nicht kritisch mit Rassismus auseinandergesetzt, wäre Tyrell nicht in der Lage gewesen, den Radiergummi-Vorfall strukturell einzuordnen.

»Ich dachte, wenn ich in bestimmten Situationen unwissend gewesen wäre, hätte ich es besser gehabt, weil ich dann nicht verletzt gewesen wäre. Aber natürlich weiß ich nicht, ob das stimmt. Vielleicht hätte es alles noch mehr wehgetan, weil ich gar keinen Schutz gehabt hätte.«

Ich dachte an meine eigene Kindheit. Jede auch scheinbar kleine Bemerkung über mein Aussehen oder meine Herkunft kam bei mir als Botschaft an, dass ich nicht wirklich dazugehöre, dass mit mir etwas nicht stimme. Ich habe Jahrzehnte gebraucht, um zu verinnerlichen, dass diese Botschaften diskriminierend waren und viel mehr über die Personen aussagten, die sie äußerten, als über mich.

»Schwarze Menschen sagen oft«, meinte Tyrell, »dass es wichtig sei, Kinder mit einem politischen Bewusstsein zu erziehen, ohne wirklich zu wissen, was das bedeutet. Du hast mir intellektuelle Waffen gegeben und mich damit in die Schule geschickt.«

»Waffen?«, staunte ich.

Tyrell nickte. »Wenn ich eine weiße Person rassistisch nenne, ist das eine verbale Waffe. Die Dinge, die ich weißen Menschen aufgrund meines politischen Wissens sagen kann, sind für sie schmerzhaft. In der Schule hatte ich Feuerkraft – Worte mit Gewicht. Meistens bin ich dankbar für sie und nutze sie zu meinem Vorteil. Aber in der Schule habe ich mir einen Ruf geschaffen. Ich war oft wütend und habe mich selbst in viele ungünstige Situationen gebracht ...«

»Aber Tyrell«, unterbrach ich ihn. »Das klingt nach Täter-Opfer-Umkehr. Du hast viel emotionale Gewalt erlebt, und du hast dich entschieden, konfrontativ damit umzugehen. Das ist doch legitim! Wenn irgendein weißer Junge eine *echte* Waffe nimmt und in eine Schule läuft ...« Ich musste den Satz nicht zu Ende führen. Tyrell verstand sofort, was viele Schwarze Menschen wissen. Bei einem weißen Amokläufer wird in den Medien nach möglichen Motiven für die Straftat gesucht: Wurde er gehänselt? Hatte er eine schlechte Kindheit? Es wird mehr Verständnis für weiße Verbrecher und Mörder aufgebracht als für Schwarze Jugendliche, die gegen *keine* Gesetze verstoßen haben. Wie kann das sein?

»Ich weiß«, antwortete er, »damals war es mir auch klar, dass der Mangel an Empathie, mit dem ich konfrontiert wurde, Teil des Rassismus war. Es war schlimm zu wissen, dass das Bild, das meine Lehrer_innen von mir hatten, rückständig war. Ich konnte mich nicht von ihren Stereotypen lösen. Obwohl ich genau wusste, was mit mir passierte, war ich nicht in der Lage, es zu stoppen.«

Tyrell und seine Freunde berichten mir gelegentlich von ärgerlichen Vorfällen, die ich auch oft erlebe, zum Beispiel in der U-Bahn angestarrt zu werden. Sie erzählen aber auch von beängstigenden Vorfällen. Erfahrungen, die ich inzwischen verdrängt habe. Neulich wurde Tyrell nachts auf der Straße von einer fremden Person rassistisch beleidigt: »... einfach weil er es konnte«, meinte Tyrell, noch immer verärgert. Der Täter war Teil einer Gruppe, in der alle weiß waren – älter, stärker und alkoholisierter als Tyrell und seine Freunde. Wenn Tyrell etwas entgegnet hätte, wäre er vermutlich im Krankenhaus gelandet.

Auch Menschen, die es gut meinen, machen Tyrell regelmäßig das Leben schwer. Über die Fragen »Warum sagst du nicht gleich, dass du aus Ghana kommst?« und »Kannst du Afrikanisch?« können wir zu Hause lachen. Doch wegen der Frage – vor allem wegen der darauf folgenden, stets unbefugten Handlung – »Darf ich dir in die Haare fassen?« trägt Tyrell keinen Afro mehr.

Ärztinnen sind kurz angebunden und unhöflich; Busfahrer möchten die Monatskarte *und* die Trägerkarte kontrollieren; Service-Mitarbeitende reden auf einmal extrem langsam. Und ständig auf der Straße nach Drogen gefragt zu werden macht irgendwann einfach keinen Spaß mehr. In einer solchen Gesellschaft ist es kein Wunder, dass Tyrell öfter in »verdachtsunabhängige« Polizeikontrollen gerät als seine weißen Kumpel. Wenn dies alles zur alltäglichen Erfahrung gehört, ist es schlimm genug. Wenn Pädagog_innen Schwarzen Jugendlichen nicht glauben oder sie für zu sensibel halten, verletzen sie ihren Schutzauftrag.

»Ich hatte nicht darüber nachgedacht«, erzählte Tyrell weiter, »dass ich als Schwarzer Teenager für meine Lehrer_innen viel beängstigender war als ein weißer Teenager.«

Ich hatte es auch unterschätzt. Während meiner eigenen Sozialisation habe ich mir keine Gedanken über Schwarze Männlichkeit gemacht. Und selbst als ich Mutter von Söhnen wurde, habe ich es versäumt, mich ausreichend mit dem Thema auseinanderzusetzen. Ich höre Tyrell zu:

»Es ist absolut gesellschaftlich akzeptiert, wenn bestimmte Männer wütend sind. Sie dürfen und werden sogar ermutigt, aggressiv zu sein, denn dieses Verhalten gilt als besonders männlich und als ein Zeichen der Stärke. Je lauter weiße cis hetero Männer werden, desto mehr Recht bekommen sie.«

Ich musste sofort an Brett Kavanaugh denken. Seit Oktober 2018 ist er Richter am Obersten Gerichtshof der Vereinigten Staaten. Seine Nominierung wurde durch mehrere Vorwürfe wegen sexualisierter Gewalt in seiner Jugend überschattet. Ich erinnerte mich an seine Anhörung, wie emotional und wutentbrannt Kavanaugh sich aufgeführt hatte, und dass er dennoch wenige Wochen später vereidigt wurde.

»Der Spruch ›boys will be boys‹ meint eigentlich: ›*white* boys will be boys‹«, sagte Tyrell. »Wenn meine Freunde und ich uns so verhalten würden, könnte es tödlich enden.«

Ich konnte ihm nur wortlos zustimmen. 2005 verbrannte Oury Jalloh, ein Schwarzer Mann, in einer Dessauer Polizeizelle, nachdem er verhaftet wurde, weil er unter Alkoholeinfluss zwei weiße Frauen belästigt haben soll. Ich weiß nicht mehr, wie oft ich in der Öffentlichkeit von angetrunkenen weißen Männern angesprochen, angemacht oder sexuell belästigt worden bin.

»Aber eine Sache ist mir noch wichtiger als das«, sagte Tyrell. Er hielt für einen kurzen Moment inne. Es sind drei Jahre vergangen, seitdem Tyrell die Schule verlassen hatte. Die Narben sind noch immer frisch.

»Ich möchte, dass die Lehrer_innen endlich verstehen, dass *jeder* Sechzehnjährige angepisst ist. Durchgehend. Das ist nichts, was sie persönlich nehmen sollten. Es ist einfach so. Ich war pubertierend. Ich war sauer. Und der Rassismus, den ich täglich erlebte, machte es nur noch schlimmer.«

Ich fragte ihn, was er gebraucht hätte.

»Verständnis«, kam die sofortige Antwort. »Ich hätte mir gewünscht, dass meine Lehrer_innen mir zuhören. Es gab keine Person, die sich mit mir hinsetzte und sagte: ›Wie geht es dir?‹ Stattdessen wurde von mir erwartet, dass *ich* zuhöre, während sie mir erklärten, warum ihre rassistischen Äußerungen oder Handlungen gerechtfertigt seien. Und warum ich mich nicht darüber aufregen solle. Also fing ich an, die Schule zu schwänzen. Es gab dort einfach keine Unterstützung für Schwarze Teenager.«

Tyrell ist ein intelligenter junger Mann. In Bezug auf seine geistige Leistungsfähigkeit würde er problemlos ein Studium abschließen können. Aufgrund der zunehmenden Konflikte zwischen ihm und seinen Lehrer_innen hatte er allerdings erst im zweiten Durchgang und erst an einer neuen Schule die zehnte Klasse erfolgreich zu Ende bringen können. Weitere zwei bis drei Jahre im Schulsystem zu bleiben, um ein Abitur zu erlangen, ist für ihn keine Option mehr.

Das ist tragisch, und es hätte nicht so sein müssen. Während unseres Gesprächs dachte ich darüber nach, was ich besser hätte machen können. Ich habe absichtlich viel Wert auf die kritische Begleitung des schulischen

Wissens gelegt und würde es jedes Mal wieder so machen. Aber anscheinend habe ich mich nicht genügend mit Tyrell über Bewältigungsstrategien auseinandergesetzt.

»Zum einen«, erklärte ich ihm, »weil ich Vertrauen hatte, dass du in brenzligen Situationen wissen würdest, was für dich das Beste ist. Ich bin ja nicht immer bei dir. Es war mir wichtig, dass du lernst, Situationen einzuschätzen und dich selbst zu schützen. Aber es war auch, weil ich gesehen habe, dass deine Brüder auf ähnliche Situationen manchmal anders reagiert haben. Es faszinierte mich, dass ihr alle unterschiedliche Haltungen eingenommen hattet – mal mehr, mal weniger konfrontativ«.

Ich erinnerte Tyrell an eine Situation mit Lewis, seinem jüngeren Bruder. In der ersten Klasse hatte eine Klassenkameradin Lewis gesagt, dass sie in der Schulküche nicht so nah neben dem Herd stehen wolle, weil sie nicht so dunkel werden wolle wie er.

»WIE BITTE?!«, war meine damalige Reaktion. Ich dachte, ich hätte mich schon längst an solche Situationen gewöhnt. Ein Glück, vielleicht, dass ich es nicht getan habe. »Das ist rassistisch! Was ist dann passiert?«

Ich war auf alles gefasst. Lewis zuckte aber mit den Schultern. Nach dem Motto: »Ja. Weiße Menschen halt.« Und das Thema war für ihn tatsächlich erledigt.

»Was mir auch geholfen hätte«, erwiderte Tyrell, »wäre, wenn du mir gesagt hättest, dass ich in diesem Bereich einfach mehr Wissen habe als weiße Menschen.«

Nach dem Radiergummi-Vorfall war er davon ausgegangen, dass die Erwachsenen alle verstanden hatten, dass es Tyrell nicht um die Intention des weißen Jungen gegangen war, sondern um die rassistische Botschaft hinter seinem Handeln. Tyrell wurde eines Besseren belehrt.

»Ich muss lernen, eine weiße Person anzusehen und mir zu sagen: ›Im Hinblick auf Rassismuskenntnisse bin ich weiter‹, und mich dann entsprechend zu verhalten. Das bedeutet nicht, dass ich sie niedermachen soll, sondern dass ich nachsichtig sein möchte. Natürlich ist es unfair, dass dies immer wieder von Schwarzen Menschen erwartet wird, aber ich lerne, es zu akzeptieren. Ich sehe es wie beim Babysitting. Wenn ein Kind seine eigenen Schnürsenkel nicht binden kann, werde ich es deshalb nicht anschreien. Ich binde seine Schnürsenkel, und gut ist. Als ich anfing, weiße Menschen in dieser Hinsicht mehr als Kinder zu betrachten, konnte ich akzeptieren, dass es einige Dinge gibt, die sie einfach aus eigener Erfahrung nicht wissen.«

Und so kommen wir auf weiße Eltern Schwarzer Kinder zu sprechen. Überhaupt habe ich das Gespräch mit Tyrell gesucht, weil ich kurz zuvor von einer weißen Mutter gelesen hatte, die ein Bild von den Haaren ihrer Schwarzen Tochter auf Twitter geteilt hatte, in der Hoffnung auf positive Rückmeldungen. Dies war eine widerständige Reaktion auf das Mobbing, das ihre Tochter im Kindergarten erlebt hatte. Ich versuchte zu benennen, warum diese Strategie mir Bauchschmerzen machte, und fragte Tyrell nach seiner Einschätzung.

»Ich denke«, antwortete er, »dass das Schwierige für viele weiße Eltern ist, dass sie versuchen, ihren Kindern den *einen* Zauberspruch beizubringen, der ihnen den Schlüssel zur Lösung aller rassistischen Situationen geben soll. In diesem Fall vermutlich: ›Hör nicht auf die doofen Kinder. Deine Haare sind schön!‹«

Wahrscheinlich ist es das. Ich weiß, dass es keinen Zauberspruch gibt. Rassismus wird zu meinen Lebzeiten nicht verschwinden, auch nicht zu den Lebzeiten meiner Kinder. Daher ist für mich wichtig, den Rassismus dort zu identifizieren, wo er ist: in den Strukturen, in den Institutionen, in den Individuen, die ihn ausüben. Nicht an irgendwelchen beliebigen Eigenschaften Schwarzer Kinder.

Tyrell stimmte mir zu. »Ich war immer froh, dass mein Vater mich nie angelogen hat. Er sagte mir sogar: ›Ich bin weiß. Ich bin rassistisch. Wie wirst du damit umgehen?‹ Er lehrte mich, dass auch meine weiße deutsche Familie lernen kann. Dass sie Fehler machen kann, aber dass sie mich liebt. Durch ihn habe ich gelernt, besser mit weißen Menschen umzugehen.«

Ich habe inzwischen immer mehr Verständnis dafür, dass meine Eltern Rassismus mit mir nicht offen thematisiert haben. Sie waren in London zum größten Teil isoliert und mussten ihre Regeln selbst erstellen. Ihre Strategie hieß: Fleißig sein! Meine Geschwister und ich sollten besser sein als alle anderen und uns somit nicht angreifbar machen. Schließlich wurde ich die erste Person in der erweiterten Familie mit Universitätsabschluss – obwohl ich bei der Einschulung kein Wort Englisch konnte. Die Strategie hat mich nicht vor Verletzungen und Rückschlägen geschützt. Aber das mache ich ihnen nicht zum Vorwurf. Sie haben ihr Bestes gegeben.

In ähnlicher Weise kann ich nachvollziehen, dass Tyrell den Weg der verbalen Selbstverteidigung gewählt hat. Für ihn wäre die Alternative gewesen, die Demütigungen und Verletzungen immer wieder herunterzuschlucken, wie viele Schwarze Menschen es tun. Er empfindet es als Glück, Zugang zu sämtlichen Schwarzen Communitys wie die bundesweite »Initiative Schwarze Menschen in Deutschland« oder das Berliner Projekt »Each One Teach One« zu haben.

»Dort habe ich ein Ventil für meine Wut«, sagte er. »Ich kann mit anderen Schwarzen Menschen über meine Erfahrungen reden und werde gehört.«

Einige Tage nach dem Gespräch mit Tyrell ist mein jüngster Sohn, Elijah, mit einem Arbeitsblatt von der Schule nach Hause gekommen. Er ist in der ersten Klasse, und es ging um Matheaufgaben. Auf dem Blatt war ein Kind mit Federschmuck auf dem Kopf abgebildet. Ich atmete tief aus und erinnerte mich an Tyrells letzten Satz:

»Mein Zuhause ist ein Ort, für den ich gekämpft habe. Ich habe gekämpft, damit ich mich wohlfühlen kann, Berlin als meine Heimat zu bezeichnen. Diesen Kampf zu führen ist Teil meiner Heimat geworden. Inzwischen liebe ich es.«

Blicke

von Hengameh Yaghoobifarah

Umgeben von lauter Tourist_innen laufen eine Freundin und ich durch das Museumsviertel einer westdeutschen Stadt. Hier gibt es zig Ausstellungen, aber keine kann mit der Attraktion mithalten, die anscheinend von meinem Körper ausgeht. Neben bohrenden Blicken fallen mir ein paar Annikas auf, die ihre Smartphones auf mich richten und ohne meine Erlaubnis Fotos von mir machen, als wäre ich ein Banksy-Graffiti. »Ey, ich wurde schon wieder fotografiert«, raune ich der Freundin zu. Sie mustert mich. »Ich glaube, es liegt an deinem Outfit. Die sind so einen crazy Style einfach nicht gewöhnt.«

Meine Ästhetik ist vieles: Sie ist camp, sie ist queer, sie ist femme, sie ist das beliebte Kind aus der Mittelstufe im Jahr 2003 und gleichzeitig die Außenseiterin von 2007. Aber crazy? Für ein Kloster-Retreat vielleicht. Aber nicht für eine europäische Großstadt, wo es Menschen gibt, die in Clownskostümen oder als Kupferstatuen geschminkt unterwegs sind. »Zwischen all den Junggesell_innenabschieden bin ich fast schon eine graue Maus!«, protestiere ich. Ich trage nun wirklich nichts, was sonst niemand anhat.

Dennoch gehören Situationen, in denen ich von Umstehenden angestarrt oder ohne mein Einverständnis fotografiert werde, mittlerweile zu meinem Alltag. Ich werde als »anders« wahrgenommen, als »fremd«. Aus welchem Grund, weiß ich nie genau. Hängt es damit zusammen, dass ich dick bin? Dass ich queer bin? Dass ich Kanak_in bin? Oder liegt es wirklich an meinem Style? Vielleicht ist es auch alles zusammen. Vielleicht ist ein_e dicke_r, queere_r Kanak_in mit einem Bombenoutfit zu viel Schock für Annika. Aber sind diese Zuschreibungen überhaupt alle auf den ersten Blick ersichtlich?

Klar, meine Speckröllchen und mein Doppelkinn kann ich nicht verstecken. Aber dass ich mich weder als Frau noch als Mann identifiziere, steht mir nicht auf der Stirn geschrieben. Die meiste Zeit lesen andere mich als cis Frau. Und auch Weißsein liegt oft im Auge der Betrachtenden. Etwa dann, wenn bestimmt wird, was vermeintlich ein deutsches Aussehen ausmacht. Natürlich sehen nicht alle weißen Deutschen aus wie das Kind auf der Rotbäckchen-Saftflasche. Doch sobald jemand dunkle Haare hat, die mehr als ein Kammstrich dick sind, die Nase nicht nur ein kleiner runder Knopf ist und die Hautfarbe um eine Nuance von Mayo abweicht, findet ein Prozess statt, der sich Othering im Allgemeinen und Rassifizierung im Konkreten nennt. Blicke scannen dich ab, und du merkst: *The kanak is present.*

Nun ist meine Haut genauso Mayo wie die von Annika. Wenn ich meinen Namen nicht verkünde, werde ich im Gegensatz zu meinen Eltern manchmal als südeuropäisch, manchmal schlicht als weiß gelesen. Ich bekomme nicht mal einen Bruchteil der rassistischen Gewalt ab, die Menschen entgegenschlägt, die von Colorism betroffen sind, die also wirklich aufgrund von Hautfarbe abgewertet werden. Meine Hautfarbe wird weder auf eine entmenschlichende Art mit Lebensmitteln verglichen noch mit Schmutz. Ich falle auf die Schnelle nicht als Kanak_in auf, wie es bei anderen Leuten aus meiner Familie der Fall ist.

Die Grenze des Weißseins verläuft immer parallel zu den Machtstrukturen in einer jeweiligen Gesellschaft. Die Zuordnung hängt häufig von Geografien ab und vom geschichtlichen Kontext. In Deutschland bin ich nicht weiß. Im Iran schon. Dort werde ich nicht aufgrund einer vermeintlichen ethnischen Zugehörigkeit diskriminiert, denn da gehöre ich zur Mehrheitsgesellschaft. Manchmal aber bestimmt die Blickrichtung, wo ich sozial positioniert werde. Wie auf magische Weise kann mein Standpunkt innerhalb der Gesellschaft also komplett switchen, ohne dass ich mich selber bewegt hätte. Auch als weiß gelesen werden zu können bedeutet aber, dass weiße Deutsche dich immer so einordnen, wie es für sie gerade bequem oder gar vorteilhaft ist.

Wenn sie mir unangebrachte Fragen über meine »wirkliche Herkunft« oder wahlweise auch die Safranpreise im Iran stellen wollen, bin ich Kanak_in. Wenn ich mit meiner Familie unterwegs bin, bin ich Kanak_in. Auf der Wohnungssuche oder bei der Passkontrolle bin ich definitiv Kanak_in. Und wenn Leute über den Nahostkonflikt diskutieren oder sich über Integration unterhalten wollen, bin ich auch ganz klar Kanak_in. Dann bringe ich scheinbar qua Gene die inhaltliche Kompetenz mit, um schon als Teenager_in in Gespräche mit weißen Erwachsenen hineingezogen zu werden, die mich um eine Einschätzung der aktuellen Krise bitten. Natürlich darf ich dabei nicht vergessen, mich im selben Atemzug von dem Verhalten der unterschiedlichen Parteien in der Krise zu distanzieren. Nicht dass ich mich noch irgendwie verdächtig mache und Bescheidwissen mit Identifikation verwechselt wird.

Es ist schmeichelhaft, dass mir schon in einem frühen Alter zugetraut wurde, mich neben dem Schulalltag, den Cliquendynamiken, Depressionen und Hobbys auch noch mit dem politischen Weltgeschehen auseinanderzusetzen. Oder sagen wir, es wäre schmeichelhaft, würde es nicht zugleich implizieren, dass ich als junge_r Deutsch-Iraner_in bereits in der Mittelstufe ein Allgemeinwissen vorweisen musste, das nicht einmal den meisten weißdeutschen Erwachsenen abverlangt wird.

Das zeigt: Kinder und Jugendliche of Color sollen nicht nur das leisten, was ansonsten von Erwachsenen erwartet wird. Ihnen wird dabei auch eine Unbeschwertheit genommen, die weißen Gleichaltrigen ganz selbstverständlich zusteht. Das Legitimationsargument »Sie ist doch noch ein Kind!« – eine, wie sich später herausstellt, lebenslänglich fehlende Unschuldsvermutung – greift für Menschen wie mich nicht. Es wird erst jetzt manchmal rausgeholt, wo ich erwachsen bin und mich wütend gegen Diskriminierung wehre. Dann sehen diejenigen, von denen die Gewalt ausgeht, liebend gern nur ein trotziges Kind, das nicht rational mit ihnen diskutieren kann und viel zu sensibel reagiert.

Es gibt bei mir allerdings auch den umgekehrten Effekt: Wenn ich Rassismus kritisiere, gelte ich in den Augen weißer Deutscher plötzlich selber als weiß, und es wird vermutet, dass ich ja gar nicht wüsste, wie sich Rassismus wirklich anfühlt. Das Absprechen von Erfahrungen und Identitäten soll dazu dienen, meiner Kritik die Legitimation zu entziehen. Dieses Silencing ist eine Methode von Menschen in Machtpositionen, die es Betroffenen von Diskriminierung unmöglich macht, ihre Erfahrungen auszusprechen: Denn ich bin ihnen entweder zu aufgewühlt, um vernünftig darüber sprechen zu können, oder zu gefasst, um tatsächlich betroffen zu sein.

Die Leute, die versuchen, meine politischen Analysen abzuwehren und abzuwerten, indem sie mich als weiß fremddefinieren, sind dieselben, die meinen Namen nicht aussprechen können und in den ersten zwei Minuten des Kennenlernens wissen wollen, wo ich denn eigentlich wirklich herkomme. Ob sie Annika aus Wuppertal das auch fragen? Oder sieht die »deutsch genug« aus, sodass klar ist, sie und die drei Generationen vor ihr kommen »ganz langweilig: aus Deutschland«?

Auf Englisch gibt es den Ausdruck »white gaze«, um den »weißen Blick« zu bezeichnen. Richtet sich der

»white gaze« auf Personen of Color, definiert und bewertet er sie aus einer weißen Perspektive. Dieser weiße Blick zeigt sich, wenn ein weißer Polizist einen Kanaken[15] sieht und er ihn aus heiterem Himmel nach seinen Papieren fragt. Oder wenn eine weiße Frau in der U-Bahn sich an ihre Handtasche klammert, weil gerade eine Romni einsteigt. Aber auch wenn weiße Studierende einer Schwarzen Person begegnen und plötzlich anfangen, in einem aufgesetzten Slang und merkwürdig gestikulierend mit ihr zu sprechen.

Der weiße Blick wird als neutral und maßgebend begriffen. Deshalb wird seine Parteilichkeit gerade aus weißer Perspektive häufig vehement bestritten. Was aus dieser Perspektive »normal« erscheint, gilt als Norm. Dazu gehören zum Beispiel eurozentrische Schönheitsideale, die ausschlaggebend dafür sind, welche Körper als schön, begehrenswert und deshalb auch schützenswert gelten. Denn die Attraktivität einer Person bestimmt in unserer Gesellschaft sehr stark, wie sie von anderen behandelt wird.

Ästhetische, selbstbestimmte und positive Darstellungen von Körpern, die diese einengende Norm sprengen, sehen wir erst seit Instagram & Co. an so populärer Stelle. Denn Fremdbestimmung und der weiße Blick bedeuten auch, dass diese Körper in den regulären Medien vor allem als Platzhalter für begrenzte und stereotype Rollen verwendet werden. Eine Anwältin mit Kopftuch überfordere Tatort-Zuschauer_innen, behauptete irgend so ein Fernsehtyp mal auf der Podiumsdiskussion »Tatort

Einwanderungsgesellschaft – Die Verantwortung des Fernsehens«.

Der weiße Blick ist somit eine Art Kameralinse, die vermeintliche Realitäten auf eine sehr voreingenommene Art ablichtet. Er richtet sich immer im Abgleich mit der eigenen Identität auf die »anderen«, die »Fremden« – ob in ethnologischen Texten, orientalistischen Reisebüchern, dem Blog während des FSJ in Ghana oder dem Urlaub in Indien. So wird der weiße Blick zum Fernglas auf die Welt.

Für People of Color (PoC) betrifft dies auch die Wahrnehmung des eigenen Körpers. Denn die Allgegenwärtigkeit des weißen, jedoch als allgemein geltenden Blicks führt zu einer verzerrten Selbstwahrnehmung bei all jenen, die eurozentrischen Schönheitsidealen nicht entsprechen. Statt Körpervielfalt zu zelebrieren, sehnen sich junge PoC nach einem Aussehen, das sie nie oder nur sehr schwer erlangen können. Was sie aber eigentlich auch gar nicht wollen sollten, da diese Sehnsucht nach Angleichung sehr toxisch ist. Die Haare oder die Haut zu bleichen, die Gesichtszüge operativ zu ändern oder Gewicht abzunehmen kostet nicht nur viel Zeit, Geld und Energie, es stärkt häufig auch den Hass auf den eigenen Körper, vor allem dann, wenn die einzige Motivation die Anpassung an weiße Schönheitsnormen ist. Trotzdem verurteile ich als white-passing Person solche Eingriffe von anderen PoC nicht. Vor allem, wenn wir beim Beispiel der Hautaufhellung bleiben. Erstens ist jede_r Chef_in des eigenen Körpers. Ungefragt meine Meinung zu einem so persönlichen und sensiblen Thema kundzutun wäre bevormundend. Es würde außerdem bedeuten, dass ich einer Person ein beschissenes Gefühl gebe, nachdem diese einen meist nicht umkehrbaren Eingriff am eigenen Körper durchgeführt hat. Dieser Move wäre geradezu arrogant und zynisch. Wer wie ich und eben auch weiße Personen von Colorism profitiert, kann sich nicht vorstellen, was es eigentlich bedeutet, den Körper unter Schmerzen modifizieren zu wollen – denn es kann für die betroffene Person einen Schmerz mindern, den wir schlichtweg nicht kennen. Was ich jedoch machen kann, ist, den weißen Blick aufzudecken und durch die Forderung nach Repräsentation und vielfältigen Vorbildern positive Beispiele verbreiten.

In meiner Instagram-Inbox häufen sich Nachrichten, in denen mir junge People of Color, Muslim_innen und Queers schreiben, dass sie sich durch meine Bilder ermächtigt und gesehen fühlen. Das schmeichelt mir einerseits sehr. Andererseits bedrückt es mich aber auch, dass Selfies, auf denen ich mit halb geschlossenen Augen in die Kamera blinzele, eine Quelle der Inspiration für so viele junge Menschen zu sein scheinen, nur weil sie an den meisten anderen Orten der Gesellschaft keinerlei Wertschätzung und Respekt erfahren. Dafür muss ihnen niemand sagen: »Ich respektiere dich nicht, du Kanak_in!« Es reichen die vielsagenden Blicke, denen sie täglich begegnen.

Menschen verinnerlichen den weißen Blick bereits im frühen Kindesalter. Eine Freundin erzählte mir, dass ihr

Sohn im Kinderladen einer von zwei Kindern of Color ist. Schon im Alter von drei Jahren war er der Sündenbock für alles, was schieflief. Etwas ging kaputt, und die Kinder riefen seinen Namen, selbst wenn er sich gerade in einem anderen Zimmer aufhielt. Der weiße Blick funktioniert sehr simpel und wird immer wieder von allen eingeübt und wiederholt. In Illustrationen und Karikaturen über sexualisierte Gewalt zum Beispiel ist das Opfer meistens eine weiße Frau und der Täter ein Mann mit schwarzen Haaren. Der Blick teilt die Menschen aufgrund ihres Aussehens – in der Regel vor allem nach phänotypischen Merkmalen – in gut und böse. Oder auch in »normal« und »exotisch«.

Es ist bezeichnend, dass der Begriff »*white* gaze« wie »*white* gays« klingt, denn auch in queeren Räumen sind nicht alle gleich. Hier werden genauso Rassismen reproduziert wie woanders. Vielen People of Color, vor allem Femmes, wird Queerness abgesprochen, und das auch von anderen Queers. Die weiße Dominanzgesellschaft kaut schon lange an einem Mysterium, das nicht einmal Aiman Abdallah für sie lösen kann: Wenn Kanak_innen immer homofeindlich und nie queer sind, wie können dann Menschen wie ich existieren?

Und, nur um das klarzustellen, ich bin da keine Ausnahme, die eine rassistische Regel bestätigt. Wenn muslimische Schwule von weißen lesbischen, schwulen, bisexuellen, trans, inter und queeren Personen (LSBTIQ) als islamistische Gefährder und nicht als Teil ihrer Community gelesen werden, ist es ein tief greifendes Problem, das nicht durch das Ratespiel »Hipsterbart oder korantreue Gesichtsbehaarung?« aufgelöst wird. Die Frage lautet also vielmehr: Wem gewähren wir in unserer Gemeinschaft Schutz, und wen stempeln wir von vornherein als Störfaktor ab?

Gleichzeitig ist es sowohl unter weißen Queers als auch unter Heteros nicht unüblich, muslimisch markierte Personen zu fetischisieren. Vielleicht haben sie in Faszination zu viele Reisetagebücher von Europäer_innen im »Orient« verschlungen. Oder ihre Eltern haben ihnen den Film *Nicht ohne meine Tochter* in Dauerschleife gezeigt, um sie vor den »Moslems« zu warnen.

Doch egal ob für den Exotik-Faktor oder weil sie Muslim_innen als Ausdruck ihrer eigenen Macht und im Zeichen der westlichen »Befreiung« ficken wollen: Es ist rassistisch und gewaltvoll, einer Person stereotypisierende Fetische überzustülpen.

Diese Hypersexualisierung von ebenso wie die Obsession mit weiblich und nicht weiß gelesenen Körpern dient seit Jahrhunderten als Legitimationsgrundlage für sexualisierte Gewalt an beispielsweise (süd-)ostasiatischen, Schwarzen und muslimisch markierten Frauen. Ein geiernder Blick kann ekliger sein, als mit brandneuen Turnschuhen in Hundescheiße zu treten. Er sorgt dafür, dass die angestarrte Person sich in ihrem Körper nicht sicher fühlt, dass sie sich für die eigene Erscheinung schämt oder bei Gewalterfahrungen die Schuld gar bei sich selbst sucht, obwohl das fehlgeleitete Begehren anderer nicht in ihrem Verantwortungsbereich liegt.

Um eine Frage vorwegzunehmen, die sich vielleicht beim Lesen der letzten Absätze eingeschlichen hat: Kann denn Liebe falsch und Begehren rassistisch sein? Ist es nicht nur eine Geschmackssache, wenn manche Menschen eine sehr starke Präferenz für gewisse Körper haben? Schließlich ist es auf schwulen Dating-Portalen wie Grindr oder Planet Romeo üblich, dass dicke, Schwarze, ostasiatische oder feminine Personen auf vielen Profilen von vornherein als Match ausgeschlossen werden. Wenn es Menschen gibt, deren »Typ« ganz grundsätzlich beispielsweise Schwarz oder ostasiatisch ist, dann ist es doch schön, dass sich jemand für die ansonsten Unbegehrten interessiert, oder? Das denken manche vielleicht. Was sie dabei allerdings nicht berücksichtigen, ist, dass dein Körper weder Charity für ihr gutes Gewissen noch Merchandise zu ihren rassistischen Fantasien ist.

Fremdbestimmende, exotisierende, ent- oder hypersexualisierende Blicke prallen selten einfach nur an dir ab. Meistens bleiben sie haften. Denn oft handelt es sich nicht um individuelle Blickwinkel, sondern um strukturell verbreitete Stigmata, die du letztendlich verinnerlichst. Dadurch verzerrt sich deine Selbstwahrnehmung, und ein selbstbestimmter Umgang mit deinem Begehren und deinem Körper wird erschwert, da er nie richtig dir gehört, sondern immer der Allgemeinheit und ihrem bohrenden Blick.

Othering erfahren nicht nur Leute, die von Rassismus betroffen sind, sondern beispielsweise auch dicke, queere oder trans Personen, Menschen mit Behinderungen oder jene, die sichtbar arm sind. Wenn auch noch mehrere dieser Kategorien auf dich zutreffen, starren die »normalen« Leute besonders lang, insbesondere wenn du und damit dein Körper und/oder dein Leben nicht ihrer Weltanschauung entsprechen.

Was hingegen sehr gut für weiße Deutsche zusammenpasst: dick und Kanak_in sein. Denn das harmoniert wunderbar mit dem Vorurteil, dass »Ausländer« faul und schmutzig sind und sich auf Kosten deutscher Steuerzahler_innen ein bequemes Leben machen. Wie Dicke. Rassismus und Dickenhass gehen hier Hand in Hand. Dass (post)migrantische Personen sich in der Regel Faulheit gar nicht leisten können, spielt für dieses Narrativ keine Rolle. Ich wäre nicht mit 23 Jahren Redakteur_in bei einem zwar prekär aufgestellten, jedoch unter Feminist_innen extrem begehrten Blatt geworden, wenn ich in meinem Leben viel gechillt hätte. Hinter jeder erfolgreichen Person of Color steht mühevolle Arbeit – auch die fordernder Eltern. Dies beschreibt auch Fatma Aydemir in ihrem grandiosen Essay über Arbeit.

Ich habe allerdings auch gelernt, weißen Deutschen meine Leistungen oder Erfolge nicht unter die Nase zu reiben, denn erstens habe ich keinen Bock, das gelungene Beispiel für Integration zu sein, und zweitens will ich nicht den Neid der anderen auf mich ziehen. Oder, wie ich sagen würde: dass sie Auge machen. Gegen den bösen Blick habe ich von klein auf eingebläut bekommen, ein Nazar-Auge zu tragen und regelmäßig meine Wohnung zu räuchern. Das soll mich vor missgünstigen Menschen schützen.

Die blau-weiß-schwarze Augenbrosche – für viele schlichtweg abergläubiger Kitsch – hält zwar niemanden davon ab, ihre Blicke und Kameras auf mich zu richten, doch dagegen gibt es andere wirksame Mittel: zurückstarren und ihnen die Kamera aus der Hand reißen. Denn während viele Deutsche mit Begriffen wie Übergriffigkeit oder Respekt wenig anfangen können, ist Sachbeschädigung ein Schlagwort, das einige Glocken zum Läuten bringt. Das sieht man nicht zuletzt daran, dass brennende Geflüchtetenunterkünfte die Mehrheitsgesellschaft kaltlassen, aber brennende Autos Solidaritätsbekundungen und Panik auslösen. Egal also, wie wenig Respekt weiße Deutsche vor den Grenzen und der Privatsphäre von People of Color haben: Wenn du ihr Eigentum berührst, sprichst du plötzlich eine Sprache, die auch sie verstehen. Und dann erscheint ihnen auch die sonst so verhasste Mehrsprachigkeit von PoC okay.

Beleidigung

von Enrico Ippolito

Wie oft hatte er es schon gehört? Zwanzigmal? Dreitausendmal? Jedenfalls kann er es nicht mehr an seinen zwei Händen abzählen. Bei jedem Besuch im Jobcenter begrüßte ihn die Sachbearbeiterin mit einem »Wir sind hier nicht in Italien« oder wahlweise auch mit einem »Wenn es Ihnen nicht passt, gehen Sie doch zurück!«. Wenn sie gute Laune hatte, sprach sie ihm ein gut gemeintes, aber dennoch vergiftetes Kompliment aus wie »Sie sprechen aber gut Deutsch«. Jedes Mal hatte er sich gefragt, wohin er denn eigentlich zurückgehen solle. Er war hier in Deutschland aufgewachsen, nur trug er einen Namen, der nicht Müller oder Schmidt war.

Er dreht sich eine Zigarette, zündet sie an und bläst den Rauch raus. Dann schaltet er den Fernseher an. Die Bilder flimmern vor sich hin, und er hört nur, wie Politiker_innen über Geflüchtete reden. Er weiß nicht, was genau das Thema ist, kann es sich aber schon denken. »Wie kriminell sind Flüchtlinge?«, »Flüchtlinge und Frauen«, »Flüchtlinge und Integration« oder etwas in der Richtung. Die gezeigten Szenen kennt er mittlerweile auswendig, sie wiederholen sich. Nie kommt einer der Geflüchteten selbst zu Wort, es wird immer nur über sie, aber nicht mit ihnen gesprochen, denkt er, während er den Fernseher wieder ausschaltet.

Bei der ersten Talkshowsendung dieser Art hatte er noch eine E-Mail geschrieben, in der er erklärte, warum diese Fragen seiner Meinung nach rassistisch waren. Er hatte sogar eine Antwort erhalten, in der es hieß: »Wir empfinden die Frage nicht als rassistisch, sondern beschäftigen uns mit den Themen, die Deutschland interessieren.« Kurz hatte er überlegt, ob er zurückschreiben sollte, dass dies kein Ausschlusskriterium sei, es dann aber doch nicht gemacht, weil ihm klar war, wie die Antwort ausfallen würde.

Solche Gespräche hatte er schon oft geführt, und das nicht nur mit Unbekannten, sondern auch mit seinen Freund_innen. Unter anderem in der Eckkneipe, in der er sich jetzt mit einer guten Freundin traf. Hier war er hingeflohen, weil er es zu Hause nicht mehr ausgehalten hatte. Ein Laden, der laut und voll ist, der in einem schlechten Roman wahrscheinlich als bunt beschrieben worden wäre. Wie so oft diskutiert er mit der Freundin über dieses verdammte R-Wort. Er kennt sie schon seit zwanzig Jahren. Sie hält ihn für empfindlich, weil er überall Rassismus sieht und das Wort ihrer Meinung nach viel zu oft verwendet. Aber ist er wirklich paranoid? Ist er in der Rassismusverschwörungsfalle gefangen?

*

Angefangen hatte es alles in der Grundschule. Zumindest hat es sich so in seinem Hirn festgesetzt, wo sich die Erinnerungen irgendwo im Hippocampus einnisten (oder war es doch die Großhirnrinde?). In der Grundschule wurde schnell klar, dass er anders war. Anders als die Michaels, Christians und Julias. Nicht weil er sich so fühlte, sondern weil sie ihn jedes Mal darauf aufmerksam machten. Sie gaben ihm den Spitznamen »Spaghettifresser«. Später, als er auf das Gymnasium kam, folgte ihm auch sein Spitzname. Die Schüler_innen schienen nicht besonders kreativ mit ihren Beleidigungen zu sein. Wobei er sich nicht so sicher war, ob es wirklich als Schimpfwort gemeint war und ob sie ihn wirklich verletzen wollten. War Spaghettifresser so schlimm wie Hurensohn?

Erst viele Jahre später, er war sechzehn oder vielleicht etwas jünger, erkannte er, wie man das nannte, was ihn sich fremd fühlen ließ: Rassismus. Ein Ausdruck, der diejenigen verstörte, die ihn immer Spaghettifresser nannten. Die Andreas, Jennifers und Susannes hassten dieses Wort. Sie wollten keine Rassist_innen sein. Jedes Mal, wenn er es aussprach, schauten sie ihn erst mit großen blauen Augen an, kniffen sie dann zusammen und zeigten ihren Zorn. Nein, ihre Eltern wählten die Grünen und außerdem hätten sie eine türkische Putzfrau, die sie sehr gut behandelten. Rassisten, das waren die anderen, die Nazis mit den Glatzen und Bomberjacken.

Es waren die Neunzigerjahre, und in den Nachrichten waren Berichte aus Hoyerswerda, Rostock-Lichtenhagen, Lübeck, Mölln und Solingen. In ganz Deutschland brannten »Asylantenheime« lichterloh. Alle gingen auf die Straße, um gegen die Nazis und die rechte Gewalt zu demonstrieren. Unter ihnen waren auch diejenigen, die ihn Spaghettifresser nannten. Schon damals sagten sie ihm, wie empfindlich er sei, schließlich brenne ja nicht sein Haus. Ihm ginge es doch gut hier in Deutschland.

Sie hatten recht, ihm ging es gut. Er erfuhr im Gegensatz zu anderen keine körperliche Gewalt. Erst viel später erkannte er: Rassismus ist kein Wettbewerb, der sich in Kategorien aufteilen lässt wie Auf-die-Fresse-Kriegen und Nicht-so-schlimm. Das wusste er aber damals noch nicht, und er wollte auf gar keinen Fall so ein Opfer sein wie die im Fernsehen, die immer nur jammerten, sich über Deutschland beschwerten und der ganzen Gesellschaft Rassismus vorwarfen. Opfer waren schwach. Der Spaghettifresser war stark. Deswegen verstaute er das Wort »Rassismus« ganz hinten in seinen Hirnwindungen und verwendete den Begriff nicht mehr. Für eine lange Zeit hatte er es tief vergraben.

*

»Noch ein Bier?«, fragt die Freundin ihn, während in der Bar die Musik lauter gestellt wird. Er nickt. Sie steht auf und umklammert ihre Tasche mit beiden Händen, als Jungs an ihr vorbeilaufen, die für sie nicht weiß aussehen. Er schaut ihr hinterher und sieht, wie sie sich erst entspannt, als sie an der Bar steht und keine Gefahr mehr spürt. Als sie mit zwei Tannenzäpfle zurückkommt, spricht er sie darauf an. »Das habe ich überhaupt nicht getan«, antwortet sie. Er lächelt sie an, sie verdreht die Augen und sagt: »Was willst du mir eigentlich unterstellen? Bin ich jetzt auch eine Rassistin?«

*

An der Uni, es waren die Post-Neunzigerjahre, war »multikulti« das neue Schlagwort. Niemand nannte ihn mehr Spaghettifresser. Stattdessen redeten alle von Macht. Wer hat sie? Wem wird sie entzogen? Ist sie überall? Können wir uns von ihr losreißen? Langsam verstand auch er besser, was Rassismus eigentlich wirklich hieß, wie er funktionierte, wie niemand ihm entkam. Er begann, das Wort, das er jahrelang auch vor sich selbst versteckt hatte, wieder zu verwenden. Aber die Steffis, Sebastians und Nadines fanden es immer noch nicht angemessen. Doch waren nicht sie es, die immer wissen wollten, wo er denn herkam, und ihm damit zeigten, dass er nicht dazugehörte? »Nein, wo kommst du wirklich her? Also deine Eltern?« Alles keine Fragen, die jemanden töten. Aber dennoch sind es Fragen, die einen immer als anders hervorheben. Sie alle gingen mit ihm in die gleichen Unikurse, hatten die gleichen Texte gelesen. Und trotzdem hatten sie es nicht verstanden. Oder hatte er etwas falsch verstanden?

Nein, hatte er nicht. Er war ja schließlich derjenige, der wegen seines Nachnamens keine Wohnung bekam. Er war es, den die Security-Leute im Supermarkt auscheckten. Und er war es auch, der sah, wie die Menschen ihre Taschen umklammerten, wenn er an ihnen vorbeilief, nur weil seine Haare schwarz waren. Das sind Kleinigkeiten, bemessen an dem, was andere durchmachen. Aber sind es deswegen auch nebensächliche Erfahrungen, die schnell weggewischt werden konnten?

⋆

»Ich bin keine Rassistin«, wiederholt sie und nimmt einen Schluck von ihrem Bier. »Das weißt du.« Er kennt dieses Ausweichmanöver zu gut. Sie glaubt, wie alle anderen, an die Definition, die im Duden steht:

Rassismus | Lautschrift: [ra'sɪsmʊs] |

1. (meist ideologischen Charakter tragende, zur Rechtfertigung von Rassendiskriminierung, Kolonialismus o. Ä. entwickelte) Lehre, Theorie, nach der Menschen bzw. Bevölkerungsgruppen mit bestimmten biologischen Merkmalen hinsichtlich ihrer kulturellen Leistungsfähigkeit anderen von Natur aus über- bzw. unterlegen sein sollen
2. dem Rassismus entsprechende Einstellung, Denk- und Handlungsweise gegenüber Menschen bzw. Bevölkerungsgruppen mit bestimmten biologischen Merkmalen[16]

Sie glaubt an die biologistische Definition, an die der Nazis. Rassismus ist entweder ein historisches Problem, unter Hitler und Mussolini, oder topografisch weit weg, zum Beispiel in den USA, wo es scheiße läuft mit den People of Color. »In Deutschland haben wir das überwunden. Ich finde, dass wir eine tolerante Gesellschaft sind«, sagt sie mit einer Gewissheit, die ihm Angst macht. Woher weiß sie das so genau? »Schau dir an, wie viele gegen die AfD demonstrieren gehen. Wie können all diese Menschen Rassisten sein, wenn sie doch gegen Nazis sind? Das ergibt keinen Sinn.«

*

Wie viele Diskussionen hat er mit Menschen geführt, die Michel Foucault, Gayatri Chakravorty Spivak, Stuart Hall, Judith Butler, Frantz Fanon gelesen hatten, die diskursanalytische Hausarbeiten schrieben, aber immer noch glaubten, dass es nur eine Form von Rassismus gäbe. Und diese Form bestimmte nun mal nicht er, sondern die anderen. Sie hassten seine Definition von strukturellem Rassismus und redeten sie klein, weil sie es nicht ertrugen, über sich selbst nachzudenken.

Dann kam das Jahr 2010, und alles änderte sich. Nicht für den Spaghettifresser, sondern für Deutschland. In diesem Jahr wurde ein Buch veröffentlicht, das rassistische Sprache und Diskussionen wieder gesellschaftsfähig gemacht habe, so wird es in der Retrospektive immer beschrieben. Aber der Rassismus war niemals weg.

Er hatte sich bis dahin nur anders geäußert. Nun durften in Deutschland wieder alle in der Öffentlichkeit darüber diskutieren, ob Menschen mit Migrationsgeschichte kleinere Gehirne hätten, den ganzen Tag nur rumfickten und irgendwann das Land übernähmen, weil sie nicht verhüteten und demografisch daher bald in der Mehrheit seien.

Invasion, Gefahr, Physiognomie – (fast) vergessene Worte hatten es wieder in den aktiven Sprachwortschatz geschafft. Endlich konnte auch darüber gesprochen werden, ob die »anderen«, also die Nicht-Florians, dem Land schadeten. Dass sie dieses Land als Gastarbeiter_innen mit aufgebaut hatten, wurde verdrängt, beiseitegeschoben, geleugnet. Es war nicht gewünscht, dass sie über die Zukunft mitbestimmen. Deshalb wurden klare Grenzen gezogen: Die »Wir-Gruppe« hieß jetzt »Mehrheitsgesellschaft«, und die »Fremdgruppe« war »die Minderheit«.

*

Er will eigentlich nicht mehr über Rassismus sprechen. Auch nicht mit ihr. Sie engagiert sich, arbeitet mit Geflüchteten, spricht sich gegen Rassismus aus. Trotzdem könne sie verstehen, warum Menschen glauben, dass das N-Wort nicht rassistisch sei, sagt sie. »Weil sie es eben immer schon gewohnt sind, es zu benutzen.« Das Gleiche gilt für »farbig«. Auch »Zigeunersoße« sei kein rassistisches Wort, es handle sich doch nur um Essen. Selbst dafür, warum es okay ist, auf Sex-Apps »No asians, no blacks« ins Profil zu schreiben, findet sie eine Erklärung. »Es geht dabei ja um die eigene Präferenz, und Geschmack ist eben Geschmack. Geschmack kann nicht rassistisch sein.«

Sie hat für all das Verständnis, sie findet es nicht gut oder richtig, aber sie kann es nachvollziehen. Er nicht. »Du bist zu intolerant«, sagt sie zu ihm. »Es wird sich nie was ändern, wenn du nicht bereit bist, auch mit Menschen zu sprechen, die vielleicht nicht *politically correct* sind. Es sind deswegen nicht alle Rassisten. Manche wissen es einfach nicht besser«, fährt sie fort. »Ich muss aufs Klo«, antwortet er. Er will sich Zeit verschaffen. »Soll ich uns danach noch zwei Bier holen?« Sie nickt.

*

Die Menschen, die sich am wenigsten mit ihrem eigenen Verhalten auseinandersetzen wollen, verstehen sich meistens als links. Sie haben Sex mit Menschen, die nicht Jens oder Lisa heißen. Manchmal entstehen auch Kinder aus diesen Beziehungen, die dann nicht weiß sind. Deshalb erklären sie sich selbst zu Expert_innen, zu Bestimmer_innen über das Wort »Rassismus«. Es ist ebendiese Logik, die der Spaghettifresser zu gut kannte. »Ich habe nichts gegen Ausländer_innen, mein bester Freund ist einer«, oder eben »Ich habe nix gegen die, ich habe mit ihnen gevögelt«, hörte er immer wieder. Wenn Rassismus aber überall ist, wir ständig von ihm umgeben sind, ständig selbst Rassismen reproduzieren, wie genau können sie dann behaupten, frei davon zu sein? Weil sie es sich ins Tagebuch geschrieben haben? Weil sie Freund_innen mit Migrationsgeschichte haben? Weil sie eine_n Geflüchtete_n aufgenommen haben?

Das Problem des Begriffs »Rassismus« liegt in seiner Verwendung. Wir brauchen keine neue Syntax, keine neue Semantik, sondern müssen schlicht genauer mit den Termini umgehen. Rassistisch, nazistisch, faschistisch, neonazistisch, rechtspopulistisch, rechtsextrem und rechts sind keine Synonyme, sondern verschiedene Begriffe mit semantischen Unterschieden, die sich manchmal, aber nicht zwingend treffen.

*

Als er von der Toilette wiederkommt und sich an die Bar drängelt, merkt er, wie die Männer, zwischen denen er steht, die Hand auf ihre Hosentaschen legen. Wahrscheinlich um ihr Geld festzuhalten. Ist er zu empfindlich? Er geht zurück, gibt der Freundin das eine Bier in die Hand und setzt sich hin. »Hast du das gerade gesehen?«, fragt er. Sie schüttelt den Kopf. Er erzählt ihr davon, während sie einen Schluck von ihrem Bier nimmt. »Du bist paranoid. Woher willst du das denn wissen? Vielleicht haben sie Hosentaschenbillard gespielt.« Er weiß nicht genau, was ihn mehr irritiert: das Wort »Hosentaschenbillard« oder ihr Abwiegeln. »Schau dir die zwei Typen doch mal an, die sehen so aus, als ob sie Angst bekommen, sobald sie einen Kanaken sehen. Voll die Kartoffeln.« Sie verdreht die Augen. Er trinkt lustlos von seinem Bier.

⋆

Er kann sich nicht mehr genau daran erinnern, wann er zum ersten Mal das Wort Kanake verwendet hat. Er weiß nur noch, was für eine Macht es ihm gegeben hatte, als er mit den anderen Kanaken begann, die deutsche Gesellschaft auf ihren Rassismus aufmerksam zu machen. Die Annes, Stefans und Alexandras antworteten darauf immer mit Ablehnung: »Das ist doch nicht so schlimm. Niemand ist gestorben.« Oder: »Jetzt stellt euch mal nicht so an! In anderen Ländern werden die Menschen von der Polizei erschossen.« Oder: »Das ist kein Rassismus!« Was sollte er schon darauf antworten?

Diese Reaktionen kannte er seit seiner Kindheit. Es gibt so viele Formen des Rassismus. Aber die Kartoffeln, wie er die Nicht-Kanaken nannte, kannten trotzdem nur eine. Für strukturellen, institutionellen oder alltäglichen Rassismus waren sie hingegen blind. Immer wenn er sagte, »Ihr seid Rassisten. Deutschland ist ein durch und durch rassistisches Land!«, reagierten sie beleidigt darauf. Sie antworteten dann sofort: »Nein, das sind wir nicht!« Oder: »Was erlaubst du dir, so was zu sagen?« Und manchmal, wenn sie besonders sauer waren, hieß es: »Schau lieber, was in deinem eigenen Land passiert.« In den Köpfen der Martins, Melanies und Dominiks wurden beim Thema Rassismus immer dieselben stereotypen

Bilder nach oben gespült: glatzköpfige, gewaltbereite Menschen oder wahlweise auch ganz generell Ossis. Und das waren sie ja beides nicht.

*

»Ich will dir nicht deine Rassismus-Erfahrungen absprechen«, sagt die Freundin nach einer Weile. Er bewegt seinen Kopf mehr in ihre Richtung und fragt: »Was?« Die Musik übertönt ihre Wörter. Sie wiederholt ihren Satz schreiend: »Ich will dir nicht grundsätzlich deine Rassismus-Erfahrungen absprechen, aber ...« Da war es wieder, dieses einschränkende »aber«. »... aber in diesem Fall weißt du es eben nicht hundertprozentig. Vielleicht hast du es einfach nur falsch interpretiert.«

Hatte er das? Ist er mittlerweile so besessen von dem R-Wort, dass er es überall sieht? An jeder U-Bahn-Station, beim Brötchenholen, beim Shopping? »Ich weiß es einfach, es ist so ein Gefühl.« Doch ein Gefühl, ein Blick, das reicht nicht. Um etwas objektiv beschreiben zu können, braucht es für sie mehr. Er muss sie überzeugen und bekommt keinen Vertrauensbonus von ihr. Er muss es beweisen, erst dann glaubt sie ihm. Vielleicht.

»Außerdem solltest du auch mal aufhören mit diesem identitären Schwachsinn. Du machst immer Dichotomien auf: wir gegen die, Kartoffeln gegen Kanaken. Das führt doch zu überhaupt nichts. Wir können nur gemeinsam etwas lösen, und das weißt du auch.«

Tut er das? Er spürt, wie er langsam wütend wird, wie

die Diskussion um Rassismus ihn jedes Mal in eine Sackgasse bringt, nicht weil er keine Argumente hat, sondern weil er sich jedes Mal neu beweisen muss. »Hör doch auf damit. Weil ich jetzt Kartoffeln sage, grenze ich Leute aus? Ist es das? Fühlst du dich nicht integriert? Ist schon scheiße, ständig markiert zu werden. Aber wie ihr immer sagt: Wörter sind nur Wörter. Sie können nicht verletzen, wenn sie nett gemeint sind. Musst also nicht beleidigt sein«, hört er sich sagen und bereut es im selben Moment auch schon.

*

Wörter sind eben nicht nur Wörter. Mit Einzug der rechtsextremen AfD in den Bundestag scheinen alle noch mehr Angst davor zu haben, sie als das zu bezeichnen, was sie ist: rassistisch. Lieber wird ein neues Vokabular eingeführt. Rechtspopulistisch, ja, das soll sie sein. Aber rassistisch? Nein. Antisemitisch? Nein. Als in Chemnitz Nazis auf in ihren Augen ausländisch aussehende Menschen losgingen, schien es allen klar zu sein: Das waren Nazis. Aber die Menschen, die am Rand standen, die ihre Demo auch dann nicht verließen, als die Neonazis Hitlergrüße machten? Das waren nur normale Bürger, die Angst haben. Angst sei irrational und deswegen nicht rassistisch.

Rassismus wird zu einem unsagbaren Etwas. Es ist nicht mehr länger ein Wort, das für eine gesellschaftliche Struktur und ihre Analyse steht, sondern etwas, das man überwunden hat. Rassismus wird verschoben, aus dem eigenen Umfeld ausgelagert. Aber das wirkliche Problem bleibt weiter erhalten, brodelt langsam vor sich hin. Ein Teil des Problems sind diejenigen, die von Denk- und Sprachverboten sprechen und behaupten, dass man nichts mehr sagen dürfe, nur um dann ellenlange Texte in Zeitungen darüber zu schreiben, wie sie nichts mehr sagen dürften. Diese Leute haben auch ihre Lieblingsbegriffe, von denen sie nicht ablassen, weil sie sich frei in ihrer Sprache fühlen wollen, so als ob jedes Wort einfach so für sich steht und nur die gute Absicht zählt. Ein weiterer Teil des Problems sind diejenigen, die behaupten, antirassistisch zu sein, was sie von Selbstreflexion zu befreien scheint. Hier geht es um Leute, die mit hundertprozentiger Sicherheit von sich sagen, sie seien nicht rassistisch, nur um dann rauszugehen und Rassismen zu reproduzieren. Das sind meist auch die, die das Problem immer weiter von sich wegschieben. Das ist nämlich einfacher, als mal über die eigenen Privilegien nachzudenken. Es soll schließlich alles so bleiben für sie, wie es ist. Es handelt sich hier um dieselben, die zum Spaghettifresser sagen: »Du bist zu aggressiv. Deinetwegen sind die Rechtspopulisten im Bundestag.«

⋆

Sein Bein bewegt sich hin und her. Er hat keine Kontrolle mehr über seine Gefühle und spürt es. Ab jetzt wird es emotional, das weiß er. Die Diskussion mit ihr wird sich in eine andere Richtung bewegen. »Ich bin es einfach so leid. Deutschland ist ein rassistisches Land. Wie könnte es das auch nicht sein. Aber Rassismus darf ich nicht sagen, weil es zu Unbehagen führt. Was interessiert mich euer Unbehagen«, sagt er.

Sie nimmt den letzten Schluck Bier aus ihrer Flasche, stellt sie auf dem kleinen runden Glastisch ab und sagt: »Euer Unbehagen? Wen meinst du damit? Mich? Ich muss mich nicht gut fühlen. Darum geht es nicht. Ich weiß, dass es hier Rassismus gibt. Du übertreibst es aber und siehst ihn überall, selbst bei den Leuten, die klar antirassistisch sind und gegen Rassismus kämpfen. Ich finde das nicht konstruktiv. Es ist der Sache nicht dienlich.«

Er hasst es so sehr, wenn er in der Diskussion die Oberhand verliert, sich die Machtverhältnisse derartig umkehren und er in die Enge getrieben wird, dass er darauf nur mit Wut antworten kann. »Sag mal, was soll dieser Scheiß? All diese Menschen benutzen jeden Tag eine rassistische Sprache, begünstigen jeden Tag ein rassistisches System. Und du weißt das. Aber ich bin der, der paranoid ist?«

*

Für Wut gibt es keinen Platz in dieser Gesellschaft. Wut wird oft als kontraproduktiv gesehen, als etwas gesellschaftlich nicht Vereinbares. Besonnenheit hingegen wird immer hochgehalten. Nur so könne der Kampf gegen rechts funktionieren, heißt es dann. Besonnenheit hat in den letzten dreißig Jahren aber nicht dabei geholfen, den strukturellen Rassismus abzuschaffen, geschweige denn, ehrlich darüber zu reden. Für ihn bleibt Wut der Motor. Sie führt dazu, dass er keinen Bock mehr hat, höflich zu erklären, was an bestimmten Positionen rassistisch ist. Sie bringt ihn auch dazu, nicht jedes Gespräch höflich und pädagogisch zu führen, sondern direkt und schroff. Die Wut in ihm ist wie eine kleine Flamme, die seine Körpertemperatur immer leicht über 40 Grad Celsius hält und nur darauf wartet, sie auf 100 hochkochen zu dürfen. Diese Wut, die die Menschen um ihn herum spüren, macht ihnen Angst. Es ist zugleich aber auch seine Achillesferse, weil sie denken, er hätte keine Argumente mehr, sondern nur seine Wut. Er weiß, er bedient damit ein rassistisches Klischee: der aggressive Ausländer. Aber das ist ihm egal.

*

Es ist spät. Er guckt sich um. Die Männer, die an der Bar standen, haben die Kneipe schon verlassen. Außer ihnen ist nur noch ein Pärchen da, das hinten in der Ecke sitzt und rumknutscht. Er dreht sich eine Zigarette, aber seine Hände zittern. Sie kommt mit zwei neuen Bierflaschen zurück. Das wievielte ist es jetzt, fragt er sich und weiß keine Antwort. Ist es überhaupt wichtig? Er ist jetzt mehr müde als wütend. Diese ewigen Diskussionen strengen ihn an. Er bäumt sich noch ein letztes Mal auf:

»Was ist denn aus der Willkommenskultur geworden? Ihr sprecht von muslimischen Männern, als ob sie tickende Zeitbomben seien, die nur darauf warten, eure Kinder zu vergewaltigen. Ihr sprecht von People of Color, als seien sie minderbemittelte Bestien und als würdet ihr immer noch eure Kolonialhütchen tragen. Ihr tarnt euren Rassismus mit Empirie, weil Empirie angeblich objektiv ist. Ihr sagt uns, wir hätten keine Argumente, wenn euer einziges Argument ist: »Kennste einen, kennste alle.« Er steigert sich immer weiter rein, kann nicht mehr aufhören. Die Wörter fließen einfach so raus. Sie hört zu, nickt an den richtigen Stellen, auch wenn er sieht, wie sie das verallgemeinernde »ihr« stört, aber sie unterbricht ihn nicht. »Wir müssen anders über Rassismus sprechen, überhaupt mal richtig darüber sprechen, nicht immer nur als Duden-Definition. Wenn Rassismus allgegenwärtig und im System verankert ist, in der Sprache festgeschrieben, in die Architektur gemeißelt, wie kannst du oder sonst wer behaupten, frei davon zu sein?«, fragt er.

Diese Sätze sind immer seine Ultima Ratio, ein Angriff, getarnt in objektiven Sätzen. Er weiß gar nicht genau, was er von ihr will. Soll sie sagen, ja, auch ich bin Rassistin? Und dann was? »Ich muss mir so viel Mist ständig anhören, und auch wenn du mir das nicht glauben wirst, aber ich halte oft meine Fresse und verdrehe nur die Augen, anstatt mich der Diskussion zu stellen. Und obwohl ich mich schon zurückhalte, glaubt ihr trotzdem, dass ich paranoid sei.« Er schaut sie an, als ob sie jetzt sofort reagieren, ihm sofort recht geben müsste. Doch den Gefallen tut sie ihm nicht. Sie schaut ihn an, kalt, aber nicht herzlos, gefasst, wie eine, die dabei ist, ihr Ass im Kartenspiel zu zücken. »Und was ist mit dir? Wenn das stimmt, was du sagst, dann müsstest du auch Rassist sein.«

*

Er hasst diese Frage. Er hasst die Freundin, weil sie sich traut, sie zu stellen. Ist er auch ein Rassist? Schließlich hat er manchmal, wenn er nachts nach Hause geht, nur für eine Millisekunde Angst, sobald er eine Gruppe junger Männer sieht, die für ihn gefährlich aussieht, obwohl nie irgendetwas passiert ist. Er fragt sich auch oft, wo Menschen herkommen, er spricht es nur nicht aus. Und er klammert sich an seinen Rucksack in der U-Bahn, wenn er glaubt, jemand könne was klauen. Er überlegt, wie er ihre Frage unbeantwortet lassen und aus der Situation fliehen kann.

Langsam trinkt er einen Schluck aus seiner Bierflasche und dreht sich eine letzte Zigarette. Seine Hände zittern noch mehr, und sein Bein wippt hin und her wie das Duracell-Häschen. Unauffällig schielt er zum Ausgang. Einfach fluchtartig aufstehen und gehen wäre eine Option. Er könnte ihr dann später sagen, wie unverschämt er ihre Frage fand. Aber es würde keinen Sinn ergeben. Sie wissen sowieso beide, wie es ausgeht. Er hat sich in die Ecke drängen lassen. Er wird die Frage mit einem klaren Ja beantworten müssen, sonst würde seine ganze Argumentation wie ein Kartenhaus zusammenbrechen. Es ist nicht so, dass er sich die Frage nicht selbst schon oft genug gestellt hätte, und auch nicht so, als ob er die

Antwort darauf nicht kennen würde. Dennoch hatte er Hemmungen, es laut vor ihr auszusprechen, weil manche Dinge erst dann wahr zu werden scheinen. Man kann sie dann nicht mehr verdrängen und warten, bis sie sich in den eigenen Hirnwindungen verlieren. Aber vor allem wollte er ihr nicht die Genugtuung geben, sie nicht so leicht davonkommen lassen.

Aber auch er ist in einer rassistischen Gesellschaft aufgewachsen. Auch er hatte die Geschichten vom »fremden Mann« als Kind gehört. Auch er liest die Zeitungen mit den Berichten, in denen angeblich immer nur Menschen mit Migrationsgeschichte etwas Kriminelles tun. Auch er hatte lange geglaubt, Migrant_innen müssten super Deutsch sprechen, damit sie perfekt integriert sein konnten. Und auch er schrieb Szenen, in denen er so tat, als ob nur die weißen Kinder Christian oder Julia hießen und blaue Augen hatten.

*

Natürlich ist er, bin ich, der Spaghettifresser, ein Rassist.

Zuhause

von Mithu Sanyal

Es ist beinahe ein Klischee, noch darüber zu reden, denn inzwischen sollte auch dem Letzten klar sein, dass »Wo kommst du eigentlich her?« ein No-Go ist. Es ist die Frage, an der sich die Spreu vom Weizen trennt, oder genauer: die Menschen, die hierhergehören, weshalb man sie das natürlich nicht fragt, von ... den anderen. Der Trick ist das Wort: sollte. Denn obwohl unzählige Zeitungsseiten und Radiominuten, Küchentisch- und Paneldiskussionen mit Erklärungen gefüllt sind, welche mannigfaltigen Abgründe diese Frage eröffnet, bestehen ebenso viele Menschen darauf, sie trotzdem zu stellen. In der Regel, bevor sie irgendetwas anderes fragen. Dahinter steckt weniger ein persönliches als ein gesellschaftliches Problem, für das ich die 3-H-Formel aufgestellt habe:

Haut, Haare, Hämoglobin

Die ersten beiden H – Haut- und Haarfarbe – entscheiden darüber, ob eine Person in die Kategorie Mensch mit Migration eingeordnet wird – merke: Nicht jeder

Mensch von irgendwo anders ist dadurch automatisch Migrant_in. Das dritte H steht für den roten Blutfarbstoff Hämoglobin, der auf den Catch-22 bei der ganzen Heimatangelegenheit hinweist: das Abstammungsprinzip. Das Reichs- und Staatsangehörigkeitsgesetz von 1913 besagte, dass man Zugehörigkeit zum deutschen Staat und damit Volkskörper nur durch Blutrecht, das Jus sanguinis, erwarb, also indem man als Kind eines deutschen Vaters geboren wurde. Dies steht im Gegensatz zum Bodenrecht, dem Jus soli, das etwa in angelsächsischen Ländern wie den USA gilt, wo der Ort der Geburt über die Staatsangehörigkeit entscheidet. 1975 erkämpften deutsche Mütter das Recht, ihre Staatsangehörigkeit an die Kinder weitergeben zu dürfen, was zuvor nur möglich war, wenn die Kinder keinem Vater zugeordnet werden konnten.

2000 wurde ein eingeschränktes Bodenrecht eingeführt, das heißt, Kinder bekamen die deutsche Staatsbürgerschaft, wenn mindestens ein Elternteil seit mindestens acht Jahren in Deutschland lebte und seit mindestens drei Jahren eine permanente Aufenthaltsgenehmigung hatte. Mit dem 18. Lebensjahr mussten die Kinder mit einer doppelten Staatsangehörigkeit sich dann jedoch für eine entscheiden: Deutschsein war unteilbar. Zumindest bis 2007, als der sogenannte Doppelpass für in Deutschland geborene Kinder eingeführt wurde – allerdings nur, wenn es sich bei dem nicht deutschen Pass um einen europäischen handelte. Erst seit 2014 darf auch der Rest der in Deutschland geborenen und lebenden Kinder mehr als eine Staatsangehörigkeit haben (wenn sie nicht vor dem 1.1.1990 zur Welt gekommen sind). Da soll niemand sagen, dass Zugehörigkeit eine einfache oder auch nur überschaubare Angelegenheit wäre. Drinnen und Draußen sind weder eindeutige noch klar voneinander getrennte Kategorien.

Vielleicht liegt es an dem ganzen juristischen Herumgeeiere, dass kognitiv noch keineswegs überall angekommen ist, dass man sich Deutschsein nicht mehr vampirisch einverleiben muss. »Wo kommst du her?« rekurriert – egal ob den Fragesteller_innen das bewusst ist oder nicht – auf ein Abstammungsprinzip, bei dem Zugehörigkeit nicht erworben, sondern nur seit Generationen besessen werden kann. Es ist kein Zufall, dass mit der Reform des Staatsbürgerschaftsrechts sofort eine Debatte darum entbrannte, wer und was wirklich deutsch ist. In den Feuilletons wurde über die deutsche Leitkultur diskutiert. Die Neue Rechte erfand den Begriff der »Passdeutschen«, um klarzustellen, dass diese zwar nun alle Rechte haben mögen, ihnen aber jener Tropfen magischen Deutschseins fehlt, der sie von fiktiven Deutschen, die nur auf dem Papier existieren, zu echten Deutschen erhebt. Die Versuche, dieses germanische Elixier zu destillieren, gipfelten 2018 vorerst in der Umbenennung des Bundesinnenministeriums ins Ministerium des Innern, für Bau und Heimat.

»In der Erfindung des Innenministeriums als Heimatministerium wird suggeriert, dass dieses Land für niemanden ein Zuhause sein kann, für die oder den es nicht schon immer Heimat war«[17], kommentierte Margarita Tsomou, Mitherausgeberin des *Missy Magazine*. Der frischgebackene Heimatminister Horst Seehofer scheint es zumindest so zu sehen, da er kurz nach seiner Amtsübernahme verkündete, der Islam würde nicht zu Deutschland gehören. Dabei ist der Islam selbstverständlich Teil des Alltags von Millionen Menschen, die nicht nur hier leben und allein damit schon zu Deutschland gehören, sondern auch de facto Deutsche sind. »Doch«, so Tsomou, »mit der Referenz zu Heimat werden diese Millionen Deutsche muslimischen Glaubens gewissermaßen symbolisch wieder ausgebürgert. Heimat ist eben der reduziertere, der kleinere, der ausschließendere Begriff.«[18]

Man kann sagen: Funktioniert Nation als Grenze nach außen, so bildet Heimat eine Grenze nach innen.

Bis ins Jahr 2000 konnten Menschen in dieses »Heim« nur als »Gäste« kommen, wohlgemerkt als Gäste, die arbeiteten. Migration wurde als Phase und umkehrbarer Prozess betrachtet. Wurde in Bezug auf Gastarbeiter von »Heimat« gesprochen, war damit die »ursprüngliche Heimat« gemeint. So förderte der deutsche Staat vorausschauend »Heimatvereine«, die der Rückkehrhilfe dienen sollten. Der Migrationsforscher Mark Terkessidis fasst das so zusammen: »Wenn du nur genügend Folklore betreibst, dann kannst du dich später wieder in deinem Heimatland integrieren. Migration war in der Bundesrepublik als Ausnahme konzipiert. Das Thema war im Innenministerium angesiedelt, zuständig für innere Sicherheit, mit dem klaren Impetus, Migration von vornherein immer als Sicherheitsproblem zu behandeln. Das heißt, der Einwanderer kam überhaupt nur dann in der Wahrnehmung des Innenministeriums vor, wenn er abwich. Mittlerweile ist Migration an ganz vielen Stellen vorhanden. Deshalb muss man das, was Horst Seehofer betreibt, als den Versuch betrachten, die Deutungsmacht wieder an das Innenministerium zurück zu bekommen.«[19] Doch was genau ist diese Heimat, die das Heimatministerium verwalten soll?

Zunächst einmal war Heimat kein metaphysisches Konzept, sondern ein juristischer Begriff, wie die Medienwissenschaftlerin Alena Dausacker ausführt: »Das ›Heimatrecht‹ verpflichtete die Geburtsgemeinde, jemandem Wohnung und Nahrung zur Verfügung zu stellen, auch wenn die betroffene Person mittellos wurde.«[20] Nach der Gründung des Deutschen Kaiserreichs 1871 fiel diese Aufgabe dem Staat zu, der die Vergabe von Sozialleistungen nicht mehr der Geburts-, sondern der Aufenthaltsgemeinde zuwies. Das Problem war nur, dass die Bürger_innen sich dem neuen Nationalstaat, dem sie nun angehörten, nicht zugehörig *fühlten*, weil das Deutsche Reich schlicht zu groß und zu unterschiedlich war, um zu sagen: Das bin ich, damit identifiziere ich mich. So fiel der Heimatkunst, -literatur und -musik die Aufgabe zu, zwischen Region und Nation zu vermitteln. Sie diente sozusagen der Einübung in ein Nationalgefühl, in eine nationale Identität. Während der industriellen Revolution wurde »Heimat« stark mit Natur verbunden, vor allem mit den Bergen und Wäldern, die mit ihrer klaren Luft die Antithese zur engen, dampfmaschinenverschmutzten Stadt darstellten. »Heimat« war Utopia, sie war Nicht-Ort, Sehnsuchtsort und idealisierte Idylle.

Weder ist der Gedanke von Heimat als Sehnsuchtsort neu, noch ist es die Vorstellung, dass diejenigen, mit denen man die Heimat teilt, besonders nett sind, und definitiv netter als alle anderen Menschen an allen anderen Orten der Welt. Was jedoch neu war, ist die Bedeutung, die Heimat Anfang des 19. Jahrhunderts erlangte. Als Gegenreaktion auf den Rationalismus der Aufklärung wurden in der Romantik die Gefühle erkundet, vor allem die Gefühle in Bezug auf die Essenz des Selbst. In ganz Europa fuhren Folkloristen über die Dörfer, um die nationale Identität in den Liedern und Geschichten des Volkes zu finden, die sie als Auffangbecken der Volksseele betrachteten. In Deutschland sammelten die Gebrüder Grimm Märchen, die den Deutschen erklärten, was es bedeutete, deutsch zu sein, indem sie Brauchtum, Mythen und Sitten festhielten (respektive erfanden) und verbreiteten. Hegel ging davon aus, dass es einen überpersönlichen Volksgeist gäbe. Herder sprach von einem Nationalgeist, der durch die deutsche Sprache und Literatur transportiert würde. Wirklich verstehen konnte diese Sprache angeblich jedoch nur, wer Teil des Landes war. Das Land sprach sozusagen zu sich selbst und wurde mit den Herzen der Bürger gehört.

Auf dieser Verbindung von Heimat und Schicksal aufbauend, luden die nationalistischen Bewegungen des 20. Jahrhunderts den politischen Diskurs mithilfe des

Heimatbezugs emotional auf. Entsprechend war der Begriff »Heimat« zumindest im linken Spektrum mehrheitlich diskreditiert, da er mit der faschistischen Blut-und-Boden-Ideologie verbunden wurde. Dennoch war der Begriff nie wirklich verschwunden, erinnert uns Mark Terkessidis: »Die Leute sagen heute: Der Begriff Heimat, den wir so lange verloren hatten und der immer nur mit den schlimmen Dingen in Verbindung gebracht wurde, den wollen wir jetzt rehabilitieren. Wann war dieser Begriff mal weg?«[21] Bereits kurz nach Ende des Zweiten Weltkriegs begann nämlich die Produktion von Heimatfilmen, Heimatromanen und Heimatschlagern erneut. Tatsächlich gehören *Schwarzwaldmädel* (1950), *Grün ist die Heide* (1951) und *Der Förster vom Silberwald* (1954) zu den erfolgreichsten deutschsprachigen Filmen überhaupt. Heimat wird hier zu einer ästhetischen Erfahrung. Ganze Regionen setzen seitdem auf Heimat als Marke, um ihre Tourismusindustrie anzukurbeln. So konnte Heimat nun auf vielen Wegen konsumiert und genossen werden, inklusive Heimatkitsch und Heimatsentimentalität.

In den Siebzigerjahren versuchte die Linke sich den Begriff wieder anzueignen und machte die Region gegen den Staat stark, die Kommune gegen die Wachstumsgesellschaft. »In diesem Diskurs war Heimat nicht mehr Objekt konservativer Restauration, sondern ein emotionales Gestaltungsbedürfnis im Bezug auf die Umgebung«, erläutert Dausacker. »In dieser Zeit legte der Heimatbegriff letztendlich auch seine Großstadtfeindlichkeit ab, fand aber gleichzeitig zurück zu einer neuen Assoziation mit

Kleinräumigkeit, in der Orientierung der Großstädte auf die neighborhood, den Kiez usw. Dabei wird Heimat auch immer mehr als sozial bedingt aufgefasst: Heimat ist, wo das kulturelle und soziale Umfeld angesiedelt ist und man sich so geborgen fühlt.«[22]

Entsprechend war Heimat nicht mehr primär an den Raum gebunden, sondern wurde auch zeitlich verortet: in der Kindheit mit all den prägenden Erlebnissen der Ich-Werdung. Heimat beschreibt nun ein subjektives Gefühl, das eng an Sinneseindrücke und Erinnerungen gebunden ist.

So weit, so heimelig. Unheimlich wird es erst, wenn diese individuellen Gefühle absolut gesetzt werden. Und der Verdacht lässt sich nun einmal nicht von der Hand weisen, dass ein Heimatministerium ein Ort ist, wo definiert und verwaltet wird, was Heimat sein soll und darf. 2014 bekam Bayern ein Heimatministerium, 2017 folgte Nordrhein-Westfalen, und 2018 wurde das Bundesministerium des Innern umbenannt und mit dem Zusatz versehen »für Bau und Heimat«. Damit war eine neue Ära angebrochen und Heimat wieder offiziell im politischen Diskurs angekommen. Gleichzeitig sahen viele in diesen Maßnahmen aber auch den Versuch, das Feld nicht den Rechten zu überlassen, die Heimat zu einem ihrer zentralen Themen erhoben hatten. So erklärte das Heimatministerium NRW: »Heimat grenzt nicht aus, sondern vereint.« Und die NRW-Heimatbotschafterin Lamya Kaddor erklärt, dass wir endlich anfangen müssen, Heimat als Plural zu sehen: Heimaten.

Dagegen mobilisiert die AfD, die sich als »Heimatpartei« generiert, mit einem monolithischen Verständnis von Heimat. Björn Höcke, der Sprecher der AfD Thüringen, benutzt nahezu wortgleich die Definition, die im 19. Jahrhundert gängig war (remember: Märchen, Mythen, Volkslieder): »Es gibt drei Dimensionen von Heimat, nämlich einmal die geografische Dimension, das ist die Naturlandschaft, in die ich hineingeboren werde, dann haben wir die kulturelle Dimension, das ist das Brauchtum, das sind die Mythen, das sind die Märchenbücher, und dann ist die letzte die soziale Dimension, das ist das gemeinschaftlich getragene Werte-, Sitten- und Normengefüge.«[23] Das würde bedeuten, dass die deutsche Volksseele zwei Weltkriege, unterschiedliche politische Systeme und massive technische und soziale Umwälzungen unverändert überstanden hätte. Umso verblüffender ist, dass Höcke die »Heimat« ausgerechnet jetzt, wo weder ein Weltkrieg noch eine Teilung in Ost und West ansteht, als gefährdet ansieht, und zwar durch Windräder und Migration gleichermaßen. So wirft er den Vertretern der bürgerlichen Parteien vor, ihre Politik sei »grundsätzlich auf Heimatzerstörung angelegt«[24], und erklärt den Erfolg der AfD damit, »dass die Menschen ihre Heimat schwinden sehen«[25].

Woher kommt diese nervöse Angst vor Heimatverlust, die als Kontrollverlust imaginiert wird? So ist es kein Zufall, dass auch andere nationalistische Strömungen in diese Richtung argumentieren. Für den Brexit – ebenso wie für Trumps »America first« – wurde mit »take back control« mobilisiert: Wir wollen unser Land zurück, wir wollen Kontrolle zurück. Nur: zurück von wem?

Grenzen haben schon lange ihre Bedeutung für Waren, Geld, Daten und Informationen verloren. Sie alle überschreiten Grenzen ständig und ungehindert. Tatsächlich gelten Grenzen nur noch für Menschen, genauer: für bestimmte Menschen. Jedes Jahr veröffentlicht der Henley Passport Index (der bis 2017 Visa Restrictions Index hieß) ein Ranking aller Pässe gemessen an ihrer Reisefreiheit. Jedes Jahr landet Deutschland ganz weit oben auf der Liste und wird aktuell nur übertrumpft von Japan und Singapur. Doch kein AfDler empfindet die eigene Reisefreiheit als Bedrohung für die deutsche Identität.

Die anderen sind nicht an und für sich gefährlich. Sie werden es erst, wenn sie in unser Land kommen, das sich paradoxerweise gerade durch das Versprechen von maximalem Pluralismus definiert. Denn westliche Demokratien legitimieren sich ja auf Basis der Meinungsfreiheit, Religionsfreiheit, der Würde des Menschen, die unantastbar ist. Theoretisch. Wenn die gesellschaftliche Praxis anders aussieht, entsteht eine kognitive Dissonanz, alle fühlen sich irgendwie unwohl und wissen nicht so genau, warum. Ein Beispiel: Seit 2001 ist Deutschland nicht nur de facto, sondern auch de jure ein Einwanderungsland. Das setzte die von der Bundesregierung eingesetzte Zuwanderungskommission, die sogenannte Süssmuth-Kommission, damals durch. Die Sozialwissenschaftlerin Naika Foroutan bemerkt dazu: »Wer immer denkt, das könnte etwas mit der Zahl der Migranten zu tun haben, irrt. Wir haben schon in den Siebzigerjahren 14 Millionen Migranten gehabt. 2001 waren es 15 Millionen. Also eine Million mehr macht nicht aus, dass dieses Land sich plötzlich Einwanderungsland nennt.«[26] Doch hatte dieser Schritt entscheidende Auswirkungen, da das neue Selbstverständnis Deutschlands verlangte, dass nun auch die Rechte entsprechend geändert werden mussten. Seitdem ist in der Verfassung festgehalten, dass Migrant_innen Menschen ohne Migrationsgeschichte de jure gleichgestellt sind.

De facto haben Migrant_innen noch immer ein doppelt so hohes Armutsrisiko; in Schulen wird ihre Migrationsgeschichte als Defizit wahrgenommen, und im Lehrbetrieb wird auf Defizitbeseitigung, wie Deutschlernen, statt auf Ressourcenmaximierung gesetzt, also wahrzunehmen: Hey, das sind Kinder, die bereits bi- oder trilingual sind. Noch immer ist es für Menschen mit sichtbarer Migrationsgeschichte deutlich schwieriger, eine Wohnung, einen Arbeitsplatz oder auch gute ärztliche Betreuung zu bekommen. Und all das muss vor dem Hintergrund einer Gesellschaft betrachtet werden, in der die Schere zwischen Arm und Reich sowieso immer weiter auseinandergeht. »Die Norm ist verankert, und die empirische Realität sieht anders aus, also ist die Ordnung gestört«, erklärt Foroutan das Phänomen. »Und was macht man, um sie wieder ins Lot zu bringen? Entweder man mobilisiert viele Ressourcen, um die empirische Realität der Norm anzupassen. Oder man holt die Norm nach unten. Und das ist das, was wir im Moment im politischen Spektrum beobachten können und das ist der rechte Diskurs.«[27] Eines der zynischsten Beispiele dafür ist das Asylrecht. Deutschland versteht sich – nicht nur, aber auch – wegen seiner Geschichte als Land, dessen Aufgabe es ist, Menschen in Not Asyl zu gewähren. Dennoch wird im Moment ernsthaft diskutiert, ob es in Ordnung ist, Menschen im Mittelmeer ertrinken zu lassen.[28] Und womit lässt sich der Versuch der Politik und des Diskurses, die Norm – also Teilhabe, Gleichberechtigung, Asyl und so weiter – zu senken, rechtfertigen? Genau. Durch die Anrufung der gefährdeten Heimat, die auf den Identitätscharts noch vor der Demokratie steht.

Denn Demokratie ist Gesellschaft; Heimat ist Selbst.

Die Frage »Wo kommst du her?« meint in Wirklichkeit, so der Philosoph Kwame Anthony Appiah, »Was bist du?«. Eine intime Erkundung der Identität, die jedoch nur selten Platz für eine angemessen komplexe Antwort lässt. Wird bei Heimat eine geheime geteilte Essenz imaginiert, so ist Identität mit der Vorstellung von einem wesenhaften Kern verbunden, der nicht nur individuell, sondern auch kollektiv ist. Zumindest neuerdings. Denn bis Mitte des 20. Jahrhunderts dachte man beim Begriff »Identität« ausschließlich an individuelle Identitäten. Doch dann kamen die Sechzigerjahre, und plötzlich mobilisierten alle sozialen Bewegungen im Namen der Identität: Black Power, die Frauenbewegung, die Behindertenbewegung etc. Identitätsstiftend war hier die Solidarität mit den Anliegen der jeweiligen Gruppe. Die Forderung an die Mehrheitsgesellschaft (oder im Fall der Frauenbewegung an die soziale Gruppe, die mehr Rechte hatte als sie selbst) war, *die Welt aus ihren Augen zu sehen* oder *mit ihren Sinnen wahrzunehmen.*

Denn bis dahin wurde der prototypische Bürger als männlich und weiß imaginiert. Politische Entscheidungen wurden an seiner Perspektive gemessen und in Empathie mit seinen Bedürfnissen getroffen. Insofern war Identitätspolitik Empathiepolitik, mit dem Ziel, das Wahrnehmungszentrum neu auszurichten und zu erweitern. Allerdings sind Menschen immer mehr als nur eine einzige Identität. Appiah stellt diesbezüglich fest: »Sogar, wenn wir Dinge wegen unserer Identität tun oder lassen, sind es selten dieselben Dinge, die wir tun oder lassen. Was jedoch stimmt, ist, dass wir Menschen aufgrund ihrer vermeintlichen Identität unterschiedlich behandeln.«[29] Kurz: Identität bestimmt nicht die Dinge, die wir tun, wohl aber die Dinge, die andere Menschen uns antun. Identität ist also durchaus real, aber nicht weil sie ein genuiner Stoff – wie ein Blutstropfen oder eine Essenz – ist, sondern weil sie reale Auswirkungen auf unser aller Leben hat.

Deshalb sind Identitäten immer ein zweischneidiges Schwert, denn sie können genauso gut Misstrauen und Ressentiments gegen andere Gruppen / Menschen erzeugen und befördern wie Empathie und Solidarität.

Doch was uns alle miteinander verbindet, ist paradoxerweise unser Bedürfnis nach Identität(en). Nach dem aktuellen Stand der Forschung brauchen Menschen die Vorstellung von Identitäten, um sich in der Welt zu verorten. Deshalb ist es wichtig, offene Identitäten zu kreieren, die unsere geteilte Menschlichkeit widerspiegeln. Appiah schließt daraus: »Identitäten sind Lügen, aber sie sind die Lügen, die unsere Gesellschaft zusammenhalten.«[30]

Denn jede Gemeinschaft, die größer ist als ein Dorf, in dem sich alle kennen und regelmäßig miteinander sprechen, ist laut dem Politikwissenschaftler Benedict Anderson eine *imagined community*, also eine Gemeinschaft, die durch Vorstellungskraft, Erfindung und Imagination entsteht und auch nur dadurch weiterhin besteht. Deutschland ist ja keine echte Entität. Durch die Landschaft zieht sich nicht wirklich irgendwo eine gezackte schwarze Linie, in deren Zentrum das Wort »Deutschland« steht. Sondern das Land konstituiert sich durch Verträge, durch Übereinkommen, sprich dadurch, dass Menschen sich darauf geeinigt haben und daran *glauben*, dass es existiert. Und es besteht auch dadurch, dass wir nicht nur in diesem Land leben, sondern eine Gemeinschaft sind, wenn auch eine imaginierte Gemeinschaft.

Um stabil zu sein, brauchen Demokratien einen sozialen Konsens. Dieser benötigt seinerseits wiederum bestimmte Grundwerte, allen voran *civic trust*. Denn Demokratien sind Vertrauensgemeinschaften. Das heißt nicht, dass jede_r jede_m in jeder nur möglichen Situation vertrauen muss, sondern dass wir das grundsätzliche Vertrauen aufbringen, dass wir in einem Rechtsstaat leben, der gesellschaftliche Interaktionen regelt und angemessen mit Regelbrüchen (beispielsweise Verbrechen, sozialen Ungerechtigkeiten) umgeht. Sobald eine Bevölkerungsgruppe das Gefühl hat, einer anderen nicht mehr vertrauen zu können, gerät die Demokratie in Gefahr, weil der Vertrauensvertrag der Gesellschaft auf dem Spiel steht. Mobilisierungen gegen Bevölkerungsgruppen gefährden damit nicht nur die betroffene Gruppe, sondern die gesamte Gesellschaft. So weist die Philosophin Michele Moody-Adams zum Beispiel darauf hin, dass das nach 9/11 herrschende Misstrauen von nicht muslimischen Feuerwehrmännern gegenüber muslimischen Brandopfern nicht nur eine größere Gefährdung von Brandopfern zur Folge hatte, sondern auch gesamtgesellschaftliche Fragen von Kooperation und Solidarität aufwarf.[31] Denn wenn Feuerwehrmänner, die Helden des Post-9/11-Amerika, sich nicht im Einklang mit zentralen US-amerikanischen Werten wie Kooperation und Solidarität verhielten, erschütterte das das US-amerikanische Identitätsgefühl.

Moody-Adams identifiziert eine ganze Reihe von Grundwerten, die eine Gesellschaft zusammenhalten, beispielsweise *civic sacrifice* (die Bereitschaft, Opfer für das Gemeinwohl zu bringen) und *civic grace* (die Bereitschaft, von politischen Ressentiments abzusehen, um gemeinsame politische Ziele zu erreichen). Doch hauptsächlich kommt sie zu dem Schluss, dass Demokratien nur dann stabil sind, wenn die Bürger_innen nicht nur Mitglieder des Staates, sondern auch Mitglieder der Community of Memory sind.[32]

Dies führt uns zu einem Problem, das Salman Rushdie so treffend beschrieb: »Das Problem mit den Briten ist, dass ein großer Teil ihrer Geschichte woanders stattgefunden hat. Deshalb haben sie keine Ahnung davon.«[33]

Das lässt sich auf Deutschland übertragen, obwohl das Deutsche Kaiserreich im Vergleich mit England deutlich weniger Kolonien und für eine deutlich kürzere Zeit hatte. Tatsächlich ist die geringe Anzahl und die vergleichsweise kurze Zeit der Grund oder auch die Entschuldigung dafür, dass wir unsere Kolonialgeschichte geflissentlich ausblenden. Wenn wir beispielsweise über Konzentrationslager sprechen, haben wir – zu Recht – die Verbrechen der Nazis gegen Jüdinnen_Juden, Sinti_za und Rom_nja, Homosexuelle, politische Gefangene und viele, viele weitere vor Augen. Was jedoch deutlich weniger Deutsche wissen, ist, dass das erste Konzentrationslager 1904 auf der Haifischinsel im heutigen Namibia errichtet wurde. Dort wurden während des Völkermordes an Herero und Nama mehrere Tausend Menschen inhaftiert und umgebracht. Ihre Leichen brachte man dann zu »Rasse-Forschungszwecken« nach Berlin.

Es ist aber offensichtlich nicht das Unwissen allein. Denn während Willy Brandts Kniefall 1970 am Ehrenmal der Toten des Warschauer Ghettos – wieder zu Recht – Geschichte schrieb, löste die Bundesentwicklungshilfeministerin Heidemarie Wieczorek-Zeul 2004 mit ihrer Entschuldigung für den Völkermord in Namibia heftige Kritik aus, woraufhin die Bundesregierung die Entschuldigung als Wieczorek-Zeuls Privatmeinung kennzeichnete, nach dem Motto: Das hat nichts mit uns zu tun, weil sie Angst hatten, ansonsten Reparationszahlungen an

Namibia zahlen zu müssen. Vier großen Kolonialdenkmälern steht nur ein einziges Antikolonialdenkmal gegenüber: der Elefant im Nelson-Mandela-Park in Bremen.

Das bedeutet, dass die Geschichte der *neuen* Deutschen, also von Leuten wie mir, die zwar in diesem Land leben, aber die falschen drei H haben, nicht Teil der deutschen Geschichte ist. Heimat bedeutet jedoch, Teil der Erinnerungskultur zu sein, Teil derjenigen, an die erinnert wird, und Teil derer, die erinnern. »Deshalb sind Debatten über öffentliche Gedenkprojekte – Denkmäler, Gedenktage, Museen – immer Debatten über die Gesellschaft, ihre Werte und ihr Selbstbild, über kollektiven Stolz und geteilten Schmerz«[34], resümiert Moody-Adams. So begeht Bolivien beispielsweise jedes Jahr am 23. März den Tag des Meeres, obwohl Bolivien gar kein Meer hat. An diesem Tag lauschen alle für fünf Minuten Aufnahmen von Wellenrauschen und Möwen über Lautsprecher. Was sich vielleicht sympathisch schrullig anhört, ist in Wirklichkeit eine stetige Erinnerung an den Salpeterkrieg, bei dem Bolivien seinen einzigen Meereszugang an Chile verlor. Bolivien fordert auch 135 Jahre nach dem Verlust noch immer vor dem Internationalen Gerichtshof in Den Haag, dass Chile das Departamento Litoral zurückgeben soll. Erinnerungspolitik ist Politik.

Noch einmal Moody-Adams: »Es geht bei diesen Projekten nicht nur um die Vergangenheit einer Gesellschaft, sondern auch immer darum, welche Zukunft sie anstrebt. Erinnerungspolitik ist eine Politik der Solidarität mit denen, an die wir uns erinnern. Sie fragt: Wer sind wir?

Wofür stehen wir? Und wofür müssen wir uns als Gesellschaft vielleicht auch entschuldigen?«[35]

Aus diesen Gründen ist es wichtig, alle Bevölkerungsgruppen an den Debatten um Erinnerungsprojekte zu beteiligen. Und deshalb hätte es eine Debatte über die Einrichtung der Heimatministerien geben müssen. Über ihre Aufgaben und Funktionen, darüber, was Heimat bedeutet und für wen. Und zwar mit allen.

Denn, wie die US-amerikanische Dichterin Maya Angelou schrieb: »In allen von uns lebt eine schmerzliche Sehnsucht nach Heimat, nach einem sicheren Ort, wo wir wir sein können und nicht in Frage gestellt werden.«[36] In diesem Sinne habe ich – haben viele, viele Menschen in diesem Land – keine Heimat. Weil wir stets Fragen ausgesetzt sind. Fragen, woher wir kommen und wann wir wieder dorthin zurückgehen. Warum wir hier sind und ob wir genug integriert sind. Und so weiter.

Als ich schwanger war, überlegte ich, ob ich meinem Kind einen deutsch klingenden Namen geben und es ihm damit leichter machen sollte, einen Schulabschluss und einen Job zu bekommen. Oder aber, ob ich stattdessen einen Namen wählen sollte, in dem ein Hauch von Familiengeschichte, von familiären Wurzeln mitschwingt. Am Ende entschied ich mich für Jasray. Ich entschied mich dafür, weil wir schon so viel aufgegeben hatten, dass wir nicht auch noch unsere Namen aufgeben konnten. Weil dann nichts Sichtbares mehr von uns bliebe. Und weil dies ein erfundener Name war, genauer gesagt, ein im Internet gefundener Name. Denn nichts mehr sind Wurzeln: Fiktionen, Erfindungen, (Ursprungs-)Geschichten, die wir uns selbst und anderen erzählen. Nebenbei: Wenn es ein Wort gibt, das ausgemacht schlecht dafür geeignet ist, auf irgendwelche »Wurzeln« zu verweisen, dann ist es das Wort »deutsch«. Denn beinhaltet »französisch« noch die Franken und »angelsächsisch« die Angeln und die Sachsen, kommt »deutsch« von der Wortwurzel »teuta«, was so klingt wie Leute und genau das auch bedeutete. Und zwar die Leute, die Deutsch sprechen. Deutsch war weder ein Land noch ein Volk, sondern in erster Linie eine Sprache. Das wäre doch mal eine Definition, auf die sich möglichst viele einigen können.

Es stimmt, dass es bei Rassismus um sehr viel mehr geht als nur um Othering. Es geht vor allem auch um Rechte und Ressourcen. Aber bei Heimat geht es um diesen fließenden, schwer fassbaren Bereich der Narrative, der den Rahmen dafür bildet, wie wir als Gesellschaft zusammenleben können. Deshalb plädiert Naika Foroutan dafür, keine Leitkulturdebatte zu führen, die immer rückwärtsgewandt ist, weil sie sich um die Frage dreht: Wie sind wir geworden, was wir sind? Stattdessen sollten wir eine Leitbilddebatte anstoßen, also eine Debatte darüber, was wir sein wollen. Foroutan erinnert daran, dass in Kanada in den Siebzigerjahren eine ausgedehnte Leitbilddebatte geführt wurde, in der das Leitbild »Unity in Diversity« entworfen wurde. Etwas Ähnliches gab es in den USA der Sechzigerjahre, wo das Bild der »Nation of Immigrants« kreiert wurde. Oder Brasilien, das dem Leitbild der Hybridität folgt. Alle diese Leitbilder hatten direkte Auswirkungen auf die Politik. Wohlgemerkt: »Eine Normsetzung ist als politischer Treiber zu sehen, nicht dass es bereits so ist.«[37]

Eine vergleichbare Debatte für Deutschland könnte Heimat endlich, wie Lamya Kaddor vorschlägt, als Plural formulieren und damit der Lebensrealität von mehr und mehr Deutschen Rechnung tragen. Sie könnte Migration als Bereicherung der Heimat anerkennen. Denn, auch darauf verweisen alle Studien, von Migration profitiert die deutsche Kultur, Wirtschaft und das Gesundheitswesen, vor allem die Pflegeindustrie könnte ohne Migration gar nicht mehr funktionieren. Es ist also nicht nur ethisch, sondern auch aus rein egoistischen Beweggründen sinnvoll, konstruktiv für alle Beteiligten mit Migration umzugehen.

»Aber was ist dann mit der deutschen Identität?«, das ist die Frage, mit der nicht nur die AfD immer wieder aufwartet.

Ja, was ist dann damit? Migration verändert Deutschland. Das ist unbestreitbar. Aber ist das etwas Schlechtes? Der Politikwissenschaftler Aladin El-Mafaalani erzählt gerne die Geschichte, dass in seiner Kindheit noch auf jedem deutschen Rasenstück ein »Nicht Betreten«-Schild stand, welches die Migrant_innen mit ihren Grills und Picknickdecken fröhlich ignorierten. Die deutschen Ordnungshüter mussten sich überlegen, wie viele Konflikte ihnen eine Regel aus dem Kaiserreich wert war. Und diese Aushandlungsprozesse waren äußerst produktiv. Das Gras ist inzwischen für alle da, während auf den Boden spucken nach wie vor verboten ist und mit Bußgeldern geahndet wird. Migration schärft den Blick auf die eigenen Werte und stellt die Frage danach, welche davon noch immer sinnvoll sind.

Heimat gibt es nicht einfach, sondern sie muss in einem Prozess der Konsensbildung hergestellt werden. Eine Nation bezeichnet eine Gruppe von Menschen, die über sich selbst denkt, dass sie eine Geschichte teilt, und der diese Geschichte wichtig ist. Wobei es weniger wichtig ist, ob diese gemeinsame Geschichte objektiv, also wirklich so passiert ist, sondern dass sie von der Mehrheit der Menschen subjektiv so empfunden wird. Ja sie muss nicht einmal real sein. In England glauben wahrscheinlich die wenigsten daran, dass King Arthur wirklich ein Schwert aus einem Stein gezogen hat, trotzdem glauben sie an die Bedeutung dieser Geschichte für ihre Nation. Der französische Historiker Ernest Renan geht noch einen Schritt weiter: »Vergessen und – ich würde sogar sagen – historische Fehler sind essentielle Bestandteile der Erschaffung einer Nation.«[38] Worauf es wirklich ankommt, ist, *dass* es gemeinsame Narrative gibt. Und das wichtigste gemeinsame Narrativ ist das explizit ausgedrückte Verlangen, zusammen zu leben, um die Gesellschaft am Kacken zu halten.

Die entscheidende Frage lautet also nicht »Wo kommst du her?«, sondern »Wo wollen wir zusammen hin?«!

Gefährlich

von Nadia Shehadeh

»Anyway the wind blows,
doesn't really matter to me,
to me.«
Freddie Mercury

Ich wuchs in einer ostwestfälischen Kleinstadt auf, in der es neben einer niedlichen Altstadt einen überregional bekannten Christkindlmarkt, den »Buchclub« eines international agierenden Medienunternehmens und einmal im Jahr im Nachbarort ein »Internationales Steckdosen-Essen« gab. Bei den »Steckdosen« handelte es sich um Schweinenasen, die frittiert, gebraten und gekocht an aus aller Welt angereiste Schweinenasen-Esser_innen gereicht wurden, mit Senf oder Soße. Leider musste ich, als ich gerade zwanzig Jahre alt geworden war und für die Lokalzeitung der Kleinstadt arbeitete, auch mal einem solchen Essen beiwohnen und darüber berichten.

Als Kind, als Teenager, als junger erwachsener Mensch wollte ich ein typischer Niemand sein, ein Jedermann und »so wie alle«. Aber das war schon in den Achtziger-

und Neunzigerjahren in Deutschland kaum möglich, wenn man einen sogenannten »Migrationshintergrund« hatte – auch wenn es damals immerhin dieses sperrige Wort noch nicht gab. Ich habe einen arabischen Namen, und schon vor fünfzehn und zwanzig und auch fünfundzwanzig Jahren war es so, dass arabische Namen gerne mit Terrorismus in Verbindung gebracht wurden. Da half es auch nichts, dass ich für die Lokalzeitung zur Expertin fürs Steckdosen-Essen wurde oder auf dem Kleinstadt-Schützenfest König und Königin interviewte.

Nun könnte man einwerfen, mit Terrorismus in Verbindung gebracht zu werden sei doch eigentlich ein Privileg von Männern? Ja, in den allermeisten Fällen ist das wahrscheinlich so. Es sei denn, man hat das Glück, fast genauso zu heißen wie die libanesische Terroristin Nadia Shehadah Yousuf Duaibes.

Shehadah war 1977 an der Entführung des Flugzeugs »Landshut« beteiligt, und zu ihren Ehren war eine Zeit lang Anfang der Neunzigerjahre eine »Antiimperialistische Widerstandszelle« in Deutschland aktiv. Das lernte ich nicht selber oder freiwillig, sondern engagierte Lehrer_innen brachten es mir im Schulunterricht vor allen anderen Mitschüler_innen bei. Insbesondere dann, wenn die »Antiimperialistische Widerstandszelle« den Geburtstag von Nadia Shehadah Yousuf Duaibes feierte und in irgendeinem Mittelklasse-Politblatt wie dem *Spiegel* eine Randnotiz darüber erschien. Einmal schnitt mein Deutschlehrer diesen Artikel aus und brachte ihn mit in die Klasse, um ihn mir und allen anderen Klassenkamerad_innen zu zeigen. »Erschossen in der Bordtoilette, den Hinterkopf auf der Kloschüssel, lag die bildhübsche Freundin des Terroristenchefs, Nadia Shehadah Yousuf Duaibes, 22. Die Libanesin, von den Passagieren ›die Kleine‹ genannt, hatte bis zuletzt durch die geschlossene Toilettentür auf das GSG-9-Kommando gefeuert«, las er fasziniert vor. Er zeigte uns auch das Bild der jungen Frau, wie sie erschossen in einem Che-Guevara-Shirt auf dem Boden des kleinen Flugzeug-Klos lag. Wir fanden das ein bisschen gruselig – wir waren zwölf oder dreizehn Jahre alt –, aber auf einen Lehrer hörte man schließlich. Ich sowieso, denn ich wollte auch mit meinem Migrationshintergrund gute Noten haben, und da gehörte die richtige Aufmerksamkeitsperformance zum Standardrepertoire. Insbesondere im Deutschunterricht natürlich, auch wenn Deutsch meine Muttersprache war – aber wen interessierte das schon.

Neben den Nadia-Shehadah-Episoden brach der Zweite Golfkrieg aus. Zu dieser Zeit konnte es schon mal vorkommen, dass ich auf Saddam Hussein und den Irak angesprochen wurde. Das war es aber auch schon.

Dann aber kam der 11. September 2001, und damit völlig neue Möglichkeiten der Terror-Projektion. Mein damaliger Partner und ich waren gerade dabei, die Renovierungsarbeiten in unserer ersten gemeinsamen Wohnung abzuschließen, als die Fernsehbilder aus New York uns erreichten. Zwischen nach frischer Farbe riechenden Wänden, Werkzeugkisten und Umzugskartons saßen wir auf dem Boden vor dem Fernseher und sahen fassungslos die Live-Bilder vom einstürzenden World Trade Center.

Es dauerte nur wenige Wochen, bis ich in dem Callcenter, in dem ich neben dem Studium jobbte, von den ersten Kunden am Telefon rassistisch verarscht wurde. Zu meinen wenig erquicklichen Aufgaben gehörte das Verkaufen von Zeitschriften an Bestandskund_innen eines großen Verlagshauses, und ich hatte – obwohl mir dazu geraten worden war – darauf verzichtet, mir als Pseudonym einen deutschen Namen für meine Telefoniertätigkeit zuzulegen. Nun spürte ich die Folgen.

»Ach, und Sie trauen sich noch, hier anzurufen? Müssen Sie nicht längst das Land verlassen, nach allem, was Ihre Landsleute da in Amerika angerichtet haben? HA HA HA!«, brüllten die Kunden ins Telefon und lachten sich halb tot über ihren ausgefeilten Humor.

»HA HA HA!«, lachte ich dann zurück, und dann verarztete ich die Kunden, die irgendwas von meinem Auftraggeber wollten, einem Bezahlfernsehsender.

Mir waren diese Mikroaggressionen damals ziemlich egal, ich hatte ja sowieso schon jahrelanges kostenloses Abstumpfungstraining hinter mir, was rassistische Witze betraf. Einer mehr oder weniger machte den Braten auch nicht fett, und ich wollte nur mein Geld verdienen. Und wenn davon nach Abzug aller laufenden Kosten noch was übrig bleiben sollte, vielleicht noch eine Nelly-Furtado-CD kaufen.

Einige Monate später landete ein Umschlag im Briefkasten unserer Studentenbude: Er war an meinen Partner gerichtet. Im reinsten Behördendeutsch wurde uns mitgeteilt, dass nun seine im Rahmen der Rasterfahndung erhobenen Daten gelöscht würden, da er trotz des passenden »Schläfer«-Profils (arabisch, Student, unauffällig) wahrscheinlich doch kein Terrorist war. Wir schmissen das Schreiben direkt in den Müll, da Uni und Haushalt für unseren Geschmack schon genug Papierkram verursachten. Und so plätscherten die Jahre ins Land, und auch die Gefährder-Themen plätscherten zuverlässig mit.

Linker arabischer Terror, muslimischer Terror. Es wurden noch weitere heiße Themen von Boulevard-Medien und TV-Sendungen entdeckt, zum Beispiel: arabischer Mafia-Terror, ausgeübt von irgendwelchen Clans in deutschen Großstädten. Über die Jahre wurde munter weiter ethnisiert, arabisiert und muslimisiert, wenn es irgendwo Probleme gab: in Talkshows, im ersten Sarrazin-Buch, im Feuilleton, in der Politik, am Stammtisch.

Bushido, der seinen tunesischen Vater lange Zeit nur von der Geburtsurkunde kannte und vor seiner Rap-Karriere ansonsten rege zwischen deutscher Mama und deutschen Regelschulen pendelte, wurde mit einem Integrationsbambi zum Vorzeige-Ausländer geadelt, bevor er wieder zum arabischen Schmuddel-Mafia-Kumpan (also: Gefährder) erklärt wurde. Weitere Gefährdungspotenziale entdeckten Medien und Bevölkerung nach dem durch unrühmliche Vorfälle bekannt gewordenen Silvesterfest 2015 in Köln: Hier wurde der nicht sehr treffsichere Terminus »arabisch aussehende Männer« aus der Taufe gehoben, um entgegen allen Statistiken sexualisierte Gewalt zu einem Problem zu machen, das nichts mit der Gesamt- und Mehrheitsgesellschaft zu tun hat, sondern auf rassistische Art und Weise verhandelt werden kann, indem potenzielle Gewalttäter per se einfach nur unter nicht deutschen Männern vermutet werden.

Die rassistische Praxis, Täterschaft zu ethnisieren, war denn auch eine ganz große Beschäftigung einiger weißer Feminist_innen, zum Beispiel angeführt von Alice Schwarzers Magazin *Emma*. Das ist vor allem deswegen bitter, weil dadurch immer wieder patriarchale Gewaltstrukturen ignoriert und verleugnet werden. Nicht Herkunft, sondern hegemoniale Männlichkeit ist das Kernproblem bei sexualisierter Gewalt. Das Zusammenspiel sozial-regressiver männlicher Wesenszüge – auch *toxic masculinity* genannt – führt zu verachtenswerten Praktiken wie Misogynie, Homo- und Transfeindlichkeit und eben auch mutwilliger Gewalt. Ob der Täter aus Islamabad oder Rietberg kommt, ist dabei völlig unerheblich.

Toxic masculinity jedoch auszublenden und stattdessen die Täterherkunft zu fokussieren, um zu verschleiern, was die wahren Ursachen für Gewalt sind, könnte man tatsächlich als Kompetenzproblem bezeichnen. Vielleicht hat es aber auch System, mit dieser Taktik kolonialrassistische Mythen heraufzubeschwören: vom Mob »wilder« Ausländer, die Frauen belästigen oder Terrorakte ausüben und deshalb von der Mehrheitsgesellschaft irgendwie in Schach gehalten werden müssen – sei es durch Racial Profiling im Alltag oder an Silvester oder den Dauerhinweis, dass sexualisierte Gewalt grundsätzlich eine Aggressionsform ist, die eher »ausländische« Männer beherrschen –, obwohl die Empirie anderes sagt.

Aber man muss sich ja gar nicht in die Feuilleton-Debatten begeben, wenn man mal wieder Sehnsucht nach einer Dusche rassistischer Mikroaggressionen hat. Die kleinen Zwicker kriegt man frei Haus, tagein, tagaus. Ich saß in meinem Büro und beriet eine Kundin. Es war einer jener Tage nach der berühmten Kölner Silvesternacht 2015. Motiviert hatte ich das neue Jahr trotz aller rassistischen Nebelkerzen in der Presse mit einem schönen Kalender begonnen, ein eher hochpreisiges Exemplar, bedruckt in verschiedenen Goldtönen und mit einem Arabesk-Muster. Meine Kundin mochte sich nicht so recht konzentrieren, obwohl ich ausgeschlafen und gut vorbereitet ihre Agenda mit ihr wälzte. Stattdessen zwinkerte sie immer wieder zwischen mir und dem Kalender auf dem Tisch hin und her, bis sie es irgendwann nicht mehr aushielt.

»Frau Shehadeh!«, unterbrach sie mich. »Frau Shehadeh, sagen Sie mal ... Ist das da ein Koran auf Ihrem Tisch?«

Meine soeben noch frische Jahresmotivation sank noch nicht mal in den Keller, als ich antwortete: »Nein, leider, leider, leider, nein.«

Man kann nicht sagen, dass man die Verletzungen all dieser Mikroaggressionen irgendwann überwinden kann, eher gewöhnt man sich an sie, und das zugegebenermaßen sogar sehr gut. Sie werden zum Begleitgeräusch, zum Dauerrauschen, sie werden etwas, auf das man sich einstellt, wie ein Tinnitus. Ich für meinen Teil habe mich über all die Jahre an jeden Terrorwitz, an in Dauerschleife laufende »Islam-in-Deutschland«-Talkshows und an obskure Bezeichnungen wie »arabisch aussehende Menschen« gewöhnt. Ein weiterer zum Standard gewordener Klassiker ist der Vorwurf, ich sei eine Gefährderin der Frauenrechte und würde unterkomplex denken, weil ich finde, eine Frau soll einen Hijab tragen dürfen, wenn und wann immer sie will. Sogar an die Unsichtbarmachung von Hummus als ursprünglich arabisches Essen in der deutschen Vegan-Szene habe ich mich gewöhnt, aber Hummus ist ja auch kein Gefährder, und deswegen verdient es das Label »arabisch« wahrscheinlich nicht.

Meine Aufregung über Rassismus ist schon lange keine impulsive Wut mehr, sondern reiner Ausdruck einer politischen Haltung, die ich mir bewahren möchte, um – egal wie sehr ich mich daran gewöhnt habe – daran zu erinnern, dass dies alles keine Zustände sein sollten, die wir als normalisiert und naturgegeben akzeptieren sollten. Für meinen Aktivismus jedoch möchte ich Rassismus in allen Ausprägungen und mit jeder Faser aufspüren, um ihn anzuprangern. Um meinen Alltag zu bewältigen, muss ich allerdings Rassismus immer wieder ausblenden und bagatellisieren. Und das, muss ich sagen, gelingt mir leider – oder zum Glück – meistens sehr gut.

Privilegien

von Olga Grjasnowa

Eines der größten Privilegien im Leben ist es, selbst zu entscheiden, wer man sein will. Dies steht allzu oft in der Diskrepanz zu dem, wie man von der Außenwelt gesehen wird – vor allem, wenn man nicht dem Prototyp der Mehrheitsgesellschaft entspricht. Ich tue es – ich bin weiß, durchschnittlich in jeder Hinsicht, an meine Migration erinnert nur noch mein Name. Seit dem Sommer 2015 werde ich noch nicht einmal mehr gefragt, wo ich denn herkomme und wann ich wieder zurückzugehen gedenke. Das ist auf der einen Seite unglaublich schön – sogar so schön, dass mir die Abwesenheit dieser Frage sehr lange nicht auffiel. Auf der anderen Seite ist es leider so: Mit meinem »fremd« klingenden Namen werde ich nicht mehr als »fremd« wahrgenommen, weil dieser Platz plötzlich im öffentlichen Diskurs von einer anderen vermeintlichen »Gruppe«, den »Flüchtlingen«, eingenommen wurde. Diese, so die geläufige Meinung, haben dickes schwarzes Haar, mit dem die deutschen Friseur_innen nicht zurechtkommen, dichtes schwarzes Barthaar, dichtes schwarzes Rückenhaar, Integrationsschwierigkeiten, sie belästigen Frauen, legen überdurchschnittlichen religiösen Eifer an den Tag, sind ungebildet, haben teure Handys und können sich im Schwimmbad nicht benehmen.

In Deutschland und sicherlich nicht nur hier gibt es eine Hierarchie der Migrant_innen – es gibt die guten und die bösen. Die guten sind diejenigen, deren Haut bleich ist und die daher einem nicht allzu fremden »Kulturkreis« angehören. Es gibt sogar »gute« Sprachen und die »problematischen«. Es gibt private bilinguale Schulen und trilinguale Kindergärten, die im Durchschnitt pro Jahr mehr kosten als die Miete für eine großzügige Altbauwohnung in Berlin, und dann gibt es Parallelgesellschaften und Integrationsverweigerer in der dritten Generation. Manche Menschen können sich besser integrieren, andere angeblich schlechter. Aber was ist das überhaupt, die Integration? Schon hier fängt die Ungleichheit an: Wenn wir davon ausgehen, dass wir jemanden in die Gesellschaft integrieren müssen, dann meinen wir damit auch, dass es eine Gesellschaftsnorm gibt, die besser und überlegener ist als andere. Die »anderen« müssen sich »uns« anpassen, sich integrieren. Der Migrationsforscher Mark Terkessidis etwa fordert die »Barrierefreiheit«, mit der Institutionen Migrant_innen die gleichen Zugangschancen wie Nicht-Migrant_innen eröffnen sollen – genauso wie Menschen mit Behinderungen, unterschiedlicher Schichtzugehörigkeit, Herkunft, des Geschlechts, der Altersgruppe oder sexuellen Orientierung.

Meine Eltern immigrierten mit mir und meinem Bruder am 22. Januar 1996 in die BRD. Offiziell fielen wir in die Kategorie der »jüdischen Kontingentflüchtlinge«, wobei ich nicht behaupten kann, wir seien geflohen. Wir haben uns für die Demokratie und ein stabiles System entschieden, die CDU würde uns als »Wirtschaftsflüchtlinge« labeln, und vielleicht stimmt es ja auch. Wir kamen nicht nach Deutschland, weil wir eine große Bandbreite an Möglichkeiten hatten. Wir wollten nach Europa. Wir wären noch viel lieber nach Kanada oder Neuseeland ausgewandert, aber für Menschen mit nicht europäischen Pässen stellen sich solche Fragen normalerweise nicht. Allerdings hatten wir von Anfang an eine unbefristete Aufenthaltsgenehmigung und konnten sicher und legal nach Deutschland einreisen. Umstände, die gar nicht genug wertgeschätzt werden können.

Zwanzig Jahre später: Ich habe ein Aufenthaltsstipendium in Istanbul, einen deutschen Pass. Ich sitze mit meiner Tochter im Taxi. Wir stehen im Stau. Kinder klopfen an unsere Scheibe und bitten um Geld. Der Taxifahrer beeilt sich zu beschwichtigen, das seien syrische Kinder. Er schüttelt den Kopf und kurbelt die Scheibe hinunter, um den Kindern hastig ein paar Münzen zuzustecken. Was unterscheidet meine Tochter von ihnen? Es ist nicht die Muttersprache, es ist nicht die Herkunft, es ist noch nicht mal die soziale Schicht oder die vage Möglichkeit, ich könnte eine bessere Mutter sein, denn ihre Mütter stehen am Straßenrand und beobachten besorgt ihre Kinder. Ihnen bleibt keine Wahl. Mir schon. Der einzige Unterschied zwischen meinem Kind und diesen

Kindern ist der deutsche Pass. Ich bekam ihn, weil meine Familie von der Wehrmacht fast ausgerottet und die jüdische Zuwanderung in den 1990ern toleriert wurde. Der deutsche Pass – das sind einige Blätter Papier und ein roter Schutzumschlag.

Bemerkenswert ist, dass sich vor allem Europäer_innen und Passinhaber_innen der USA, Kanadas, Australiens und Neuseelands vor offenen Grenzen fürchten, obwohl gerade sie so frei reisen können, wie sie es sich nur wünschen. Sie wissen nicht, was es heißt, kein Visum zu bekommen. Sie wissen nicht, was es heißt, noch nicht einmal als Kandidat_in für ein Visum infrage zu kommen oder während eines Botschaftstermins gedemütigt zu werden. Auffällig ist auch, dass es gerade diese Menschen sind, die – sollten sie doch migrieren – nicht als »Wirtschaftsflüchtlinge« bezeichnet werden, sondern als Expats. Expats in Asien und in den Arabischen Emiraten, wohin es sie wegen der günstigen Steuern und hohen Löhne verschlägt. Und wo sie auch nur in den seltensten Fällen den Versuch unternehmen, sich irgendwie zu »integrieren«. Es wird ja auch nicht von ihnen verlangt.

Ein kleines, undramatisches Beispiel: Ich habe ein Aufenthaltsstipendium in Oxford bekommen und soll dort und an der University of Warwick neben Lesungen auch einige Kurse geben. Ich habe einen deutschen Pass, mein Mann einen syrischen. Wir haben zwei kleine Kinder. Ich möchte mit meiner Familie reisen, also beantragen wir einen »Family Permit« – kein Visum, sondern lediglich die Bestätigung des europäischen Rechts, wonach mein Mann und unsere beiden Kinder mich mit der deutschen Staatsangehörigkeit im Zuge des Freizügigkeitsrechts begleiten dürfen. Die Formulare, die wir ausfüllen müssen, sind reinste Schikane. So werden wir unter anderem gefragt, ob unsere Ehe arrangiert sei (wobei ich mir an dieser Stelle erspare, die Geschichte des britischen Adels nach arrangierten Ehen zu durchleuchten) und ob wir außerhalb unserer Ehe miteinander verwandt seien. Der »Permit« wurde nicht erteilt, obwohl wir nicht miteinander verwandt sind. Die Beamtin schrieb in ihrem Ablehnungsbrief, sie sei »unzufrieden« mit der Nationalität unseres Sponsors, diese wäre jedoch die University of Oxford. Die Nicht-Erteilung ist ein klarer Bruch des europäischen Rechts. Nach Oxford reisen zu dürfen scheint ein Privileg zu sein, genauso, wie auf diesen Job nicht angewiesen zu sein.

Aber es gibt auch andere Fälle: Der Sohn einer Bekannten – sie besitzt ebenfalls einen syrischen Pass und lebt in der Türkei – starb einundzwanzigjährig an plötzlichem Herzversagen in London. Seine Eltern wollten nach Großbritannien reisen, um ihr Kind zu begraben. Die Visa wurden ihnen verwehrt. Das ist zwar rechtmäßig, aber Barbarei.

Dies sind die offensichtlichen Privilegien, doch es gibt noch viele andere, unscheinbarere, zumindest, wenn man weiß ist: Ich werde auf der Straße nicht aufgrund meines Aussehens angepöbelt, angeschrien oder angegriffen. Eine Kommilitonin hatte sich an der Uni immer über den »weißen Blick« ihres Mannes lustig gemacht und war dabei genauso weiß. Ich möchte nicht den weißen Blick leugnen, aber es ist ein Privileg, nicht einmal zu wissen, wie sich das Nicht-Weißgelesenwerden auf deutschen Straßen anfühlt. Sosehr man sich auch bemüht.

Natürlich heißt das nicht, dass ich keine Erfahrung mit Ausgrenzung gemacht habe. Doch war diese in meinem Fall immer etwas »weicher«, versteckter, vielleicht nicht ganz so eklatant. Zumindest wurde bisher niemand gewalttätig. Da war die Behauptung in der Schule, mein Deutsch sei nicht gut genug, da ich es mit einem Akzent spreche; ein anderer Lehrer (Fächer: Latein und Französisch) meinte, ich würde die Allerletzte sein, die jemals etwas mit Kunst zu tun haben würde. Also habe ich vorsichtshalber angefangen, Kunstgeschichte zu studieren.

Dann wurde ich wider Erwarten doch Schriftstellerin und begegnete dem Begriff »Migrationsliteratur«: In Deutschland ist sie stets eine Literatur, die anders ist, die nicht dazugehört, nicht biodeutsch ist. Die Gemeinsamkeit der »Migrationsautoren« ist übrigens nicht etwa eine ästhetische oder thematische, sondern ihre Herkunft, die überall liegen kann, außer in Deutschland. Alle, wirklich ausnahmslos alle, die einen seltsam klingenden Namen haben oder deren Eltern oder auch sie selber nicht in Deutschland geboren worden sind, werden unter diesem unsäglichen Begriff zusammengefasst – einem durch und durch fragwürdigen, rassistischen und paternalistischen Begriff. Zum Vergleich: 2014 veröffentlichte ich den Roman *Die juristische Unschärfe einer Ehe*, ein Jahr später wurde Verena Mermers Roman *die stimme über den dächern* publiziert. Ein Roman spielt in Deutschland und in Aserbaidschan. Der andere handelt von politischen Umbrüchen im zeitgenössischen Aserbaidschan. Das eine Buch ist von mir, das andere von Verena Mermer. Wir wurden im selben Jahr geboren. Sie in St. Egyden Steinfeld, ich wurde in Baku geboren. Verena Mermer lebte und arbeitete in Delhi und Baku. Sie wohnt heute in Wien, ich lebe in Berlin. Eines der Bücher wurde im Hanser Verlag publiziert, das andere im Residenz Verlag. Das eine Buch zählt zur »Migrationsliteratur«, das andere zu deutscher bzw. österreichischer Literatur. Als ich mit den Studierenden in England – per Skype – über den Begriff Migrationsliteratur redete und sie fragte, ob sie denn auch Zadie Smith zur Migrationsliteratur zählen würden, schauten sie mich nur vollkommen entgeistert an.

Die Bezeichnung »Migrationsliteratur« ist rassistisch, paternalistisch und hat zudem sehr viel mit »Weltmusik« gemeinsam. Auch Weltmusik ist stets das andere, ohne dass man weiß, weshalb. So sind die türkische und die arabische Musik stets Weltmusik, aber Jazz und Blues sind es nicht – sie sind universell.

Dass es auch ein Privileg ist, mit welcher Selbstverständlichkeit man sich in bestimmten Räumen aufhalten und was man dort tragen darf, dafür steht die Karriere der Berliner Staatssekretärin Sawsan Chebli leider ziemlich exemplarisch. Sawsan Chebli hat aus tiefster Armut einen unglaublichen sozialen Aufstieg hingelegt. Ohne fremde

Hilfe. Eigentlich wäre Sawsan Chebli der lebende Beweis dafür, dass unsere Gesellschaft doch noch funktioniert, dass alle Versprechen des demokratischen Staates und unseres Bildungssystems in Erfüllung gehen können. Stattdessen ergießen sich über sie immer wieder Shitstorms, in denen es von Sexismus und Rassismus nur so wimmelt. Sawsan Chebli hat es gewagt, auf einem vier Jahre alten Foto eine Rolex zu tragen (für Rolex-Verhältnisse ein bescheidenes Modell). Anschließend gab es kaum ein anderes Thema in den Medien – und vor allem auf sozialen Netzwerken. Christian Lindner fährt einen Porsche, Friedrich Merz verfügt über ein Vermögen von mindestens einer Million Euro und rät den Rentner_innen doch, mit Aktien vorzusorgen, ganz zu schweigen von Alice Weidel, bei der ich noch nicht mal weiß, wo ich anfangen soll. Allerdings besitzt auch sie mindestens eine Rolex.

Absonderliche Berichte über Chebli waren von Anfang an nicht rar. So schrieb die Journalistin Mariam Lau am 17. Februar 2017 in der *Zeit*: »Der Lebensweg der neuen Staatssekretärin ist ein Abenteuer: Ihre Eltern flohen 1948 noch als Kinder aus Palästina in den Libanon, wo sie zwanzig Jahre in einem Flüchtlingslager lebten.« Eine Flucht als ein Abenteuer zu bezeichnen ist völlig absurd, wenn nicht gar eine böswillige Unterstellung. (Allerdings schrieb Mariam Lau, dieselbe Journalistin, auch einen Text zur Seenotrettung von Geflüchteten, der die Überschrift trug: »Oder soll man es lassen?«) Fakt ist: Es gibt kaum Artikel, die sich auf die Arbeit Cheblis' fokussieren.

Stets geht es um ihre Herkunft und die vermeintliche Freiheit, die sie sich trotz dieser Herkunft herausnimmt – als Muslima.

Deutlich früher machte Verona Pooth, damals noch Feldbusch, Karriere als Sängerin und Moderatorin. Obwohl sie einen deutschen Vater hat und seit ihrem ersten Lebensjahr in Deutschland lebt, erfreute man sich lange an der vermeintlichen Grammatikschwäche der Tochter einer Bolivianerin. Es fiel auch niemandem auf, als Frau Pooth plötzlich ein sehr eloquentes Deutsch, ohne jegliche Fehler, sprach. Helene Fischer wurde dagegen – zumindest meiner Recherche nach – niemals als »Migrantin« angesehen. Sie hat nur »russische Wurzeln«. Vielleicht hat es auch etwas mit ihrer Hautfarbe und ihrem Namen zu tun.

Nicht weißen Migrant_innen, muslimischen Migrant_innen oder den Migrant_innen, die dem deutschen Bild von Muslim_innen entsprechen, wird der soziale Aufstieg nur selten gegönnt, und falls doch, dann eher Männern als Frauen und auch nur, wenn sie die »richtigen« Thesen vertreten, also den Islam kritisieren, mahnen und warnen wie etwa Hamed Abdel-Samad oder – als sein weibliches Gegenstück – Necla Kelek.

Im Englischen gibt es den schönen Ausdruck »check your privilege«, der vorschlägt, sich doch zu fragen, welche Privilegien man eigentlich hat, bevor man sich ein Urteil über das Leben anderer macht. In Deutschland ist dagegen »Heimat« wieder en vogue, und ein alter Mann, der die Migration für die Mutter aller Probleme hält, ließ sich zum Heimatminister krönen. Vor diesem Ministerium keine Angst haben zu müssen ist übrigens auch ein unheimliches Privileg.

Essen

von Vina Yun

»Oh, yeah, yeah«, croont Jay Park, Superstar des K-Pop. »Oh, das wohltuende *Samgyetang*, das süß-saure *Galbijjim*. *Haemul Pajeon*, wenn es regnet, *Andong Jjimdak*, wenn die Stimmung düster ist.« In der zuckrigen R'n'B-Ballade schmachtet Park nicht etwa eine Angebetete in der Ferne an, sondern schwelgt in der Vorstellung kulinarischer Gaumenfreuden: Hühnersuppe mit Ginseng, geschmorte Rippchen vom Rind, Pfannkuchen mit Meeresfrüchten, Hühncheneintopf aus der Provinzhauptstadt Andong. »I Like It« heißt dieser Song, der Teil einer ganzen Musikkompilation über die Vorzüge der koreanischen Küche ist, in Auftrag gegeben vom Korean Food Promotion Institute (vormals Korean Food Foundation). Die Organisation verfolgt ein ambitioniertes Ziel: die Globalisierung von *Hansik*, von koreanischer Esskultur. Seitdem sich Südkorea auf seine *Soft Power* besinnt, wird nicht nur die heimische IT-Wirtschaft, sondern auch die Verbreitung koreanischer Filme, Fernsehsoaps und Popmusik gefördert. Staatlich abgesegnet befindet sich ebenso die koreanische Küche seit den späten 2000er-Jahren unter dem Label »K-Food« auf internationalem Expansionskurs.

Tatsächlich ist seit einiger Zeit in vielen westlichen wie östlichen Metropolen dieser Welt ein regelrechter Hype um koreanisches Essen zu beobachten. Wer könnte auch Nein sagen zu *Kimchi*, diesem knackigen Salat aus fermentiertem, mit Chili und anderen Gewürzen eingelegtem Chinakohl, einer süchtig machenden Kombination aus scharf, süß, salzig und sauer? Oder *Bibimbap*, einer Reisschale mit variablen, je nach Belieben wählbaren Toppings aus Gemüse, Rindfleisch und gebratenem Ei. Die koreanisch-deutsche Bloggerin Miss Boulette nennt es »das Universum in einer Schüssel«. Man könnte auch sagen: treffliche Resteverwertung, die je nach Gusto mit *Gochujang*, einer herzhaften fermentierten Chilipaste, durchgemischt wird. In der Variante des *Dolsot-Bibimbap* wird das Gericht in einem brennheißen Steintopf serviert, sodass sich am Boden eine knusprige Reisschicht bildet. Statt eines Spiegeleis wird gerne ein rohes Ei über dem Reis aufgeschlagen, sodass es noch während des Umrührens zu stocken beginnt. Schwer zu widerstehen ist auch *Doenjang Jiigae*, ein Suppeneintopf auf Basis einer dicken, vergorenen Sojabohnenpaste, die unter anderem mit *Dashima* (getrocknetem Seetang) und *Myeolchi* (getrockneten Sardellen) gewürzt wird – ein Klassiker der koreanischen Hausmannskost und ein garantierter Seelenwärmer.[39]

Die koreanische Küche ist nicht nur ein echter Hingucker, sie gilt neuerdings auch als hip und gesund. Vor allem seitdem das Fermentierungsfieber ausgebrochen ist, stehen koreanische Speisen, die häufig auf vergorenen Zutaten basieren, hoch im Kurs. In meiner Facebook-Chronik wimmelt es nur so von Workshop-Ankündigungen: Von »Gemüse wild fermentieren« über »Fairmentation« bis zum »Fermentations-Meisterkurs« ist für jeden Fan der Laktobakterien etwas dabei. »Machst du mit?«, fragt mich eine Freundin, die vor Kurzem *Kimchi* für sich entdeckt hat und nun die Milchsäuregärung im DIY-Seminar studieren will. Ich winke höflich ab.

Koreanische Rezepte sind nicht neu. Auch nicht in Europa. Sie haben ihren Weg schon lange vor dem aktuellen Fermentationstrend hierhergefunden – mit den koreanischen Migrant_innen. *Kyopos* (»Auslandskoreaner_innen«) gehören zu den weltweit größten diasporischen Communitys. Die Geschichte der koreanischen Migration in die deutschsprachigen Länder kennen die wenigsten, obwohl die ersten Arbeitsmigrant_innen aus Südkorea bereits in den 1960er- und 1970er-Jahren kamen. Zu ihnen gehörten insbesondere Krankenschwestern – in Deutschland auch Bergarbeiter –, die als »Gastarbeiter_innen« gezielt angeworben wurden und hiergeblieben sind.

Als ich in den Siebzigerjahren in Österreich aufwuchs, zeigte man sich von asiatischer Küche jedoch alles andere als begeistert. Damals war »exotisches« Essen weder Teil eines schicken Lifestyles, noch galt es als der Gesundheit förderlich. Ganz im Gegenteil: Etwas, das so seltsam aussah und noch merkwürdiger roch, war ebenso minderwertig wie verdächtig. Mit Stäbchen zu essen stellte ohnedies ein Kuriosum dar: Ob wir denn überhaupt wüssten, wie man mit Messer und Gabel – den Wahrzeichen europäischer »Zivilisiertheit« und bürgerlichen Klassenbewusstseins – isst?

Auch der Umstand, dass in Asien viele Speisen von gemeinsamen Tellern gegessen werden, erschien suspekt: War das nicht total unhygienisch? Einmal saß ich am Mittagstisch einer Schulfreundin, Stefanie. Sie verkörperte all das, was ich nicht war: ein weißes, blondes, schlankes Mädchen aus einer gut situierten Familie – ein perfektes Mädchen. Stefanies Mutter kochte jeden Tag frisch für die ganze Familie. Fertiggerichte aus der Tüte (ich mischte in die Maggi-Eiermuschel-Suppe gerne ein paar Löffel Reis), die es des Öfteren bei uns gab, wenn meine Eltern mal wieder keine Zeit oder kein Geld hatten, waren hier definitiv verpönt. Vor mir stand eine große Schüssel mit Salat. Toll, dachte ich, genug für alle da, und langte beherzt zu. Der peinlich berührte Blick der Anwesenden ist mir bis heute in Erinnerung geblieben. Dieses Ausländermädchen hatte offensichtlich keinerlei Manieren. Erst nachdem jede_r ein Portiönchen Grünzeug auf den eigenen Teller gehievt hatte, durfte die Beilage genossen werden. Ich genierte mich.

Im Rückblick mag die Panik weißer Österreicher_innen vor aromatisch und kreativ gewürzten Speisen und unbekannten Zutaten lächerlich und geradezu provinziell erscheinen. Doch im Land des *Wiener Schnitzels* und *Kaiserschmarrens* – die Allzeit-Burner der heimischen Tourismuswerbung – hat es lange gedauert, bis »fremde« Geschmäcker auf offene Gaumen trafen. In der Doku »Our Man in Vienna« (1962) für den US-amerikanischen Fernsehsender NBC beschrieb der Journalist David Brinkley das Österreich der Wirtschaftswunderjahre folgendermaßen: »Ein österreichischer Staatsbürger Mitte 40 hat so viel in so kurzer Zeit durchgemacht. Heute braucht er eine Ruhepause. Und er weiß, wo er sie bekommt. Zum Beispiel auf einem kleinen Sessel im Grün des Wiener Stadtparks. An einem Sommernachmittag bei üppigen Mehlspeisen und leichter Musik. Im Laufe seines Lebens sah er den Kaiser und sein Reich fallen, sein Land hat zwei Weltkriege mitgemacht und beide verloren. Er hat eine Republik überlebt, eine hausgemachte faschistische Diktatur, einen Bürgerkrieg, eine katastrophale Inflation, den Einmarsch Hitlers, die Besatzung durch die Russen, bis er vor sieben Jahren wie durch ein Wunder einen Staatsvertrag und seine Freiheit erhielt. Jetzt ist Österreich unabhängig, sozialistisch, neutral, überverwaltet, unterbeschäftigt, überfüttert und müde. Ein Relikt aus dem Europa des 19. Jahrhunderts, konserviert in Milchschokolade und Schlagobers.«

Bekanntlich erstreckte sich die einstige Österreichisch-Ungarische Monarchie weitläufig bis nach Siebenbürgen im Osten, Böhmen und Mähren im Norden sowie Bosnien und Dalmatien im Süden. Somit kamen die vielfältigsten Küchentraditionen in die Hauptstadt Wien und vermischten sich. Doch es dauerte bis 1960, als mit dem »Beograd« in Wien das erste Balkanrestaurant Österreichs eröffnete. Auch hier waren es »Gastarbeiter_innen« aus dem ehemaligen Jugoslawien, die ihre Speisen mitbrachten und den kulinarischen Wandel im von *Wurstsemmel* und *Apfelstrudel* dominierten österreichischen Alltag anstießen. (Ein anderer Nebeneffekt der »Gastarbeit« war übrigens, dass mehr Männer als Frauen hinter dem Herd standen und sich selbst das Kochen beibringen mussten, da viele der angeworbenen Arbeitsmigranten zunächst ohne ihre Frauen und Familien kamen.) Dem »Beograd« folgten 1963 das erste chinesische Restaurant in Wien und 1965 die erste Pizzeria, in den frühen 1980ern schließlich die ersten Kebablokale.

Für Migrant_innen und Geflüchtete, die sich in der Fremde wiederfinden, gibt es nur wenige Gewissheiten, sagt der serbisch-österreichische Philosoph Ljubomir Bratić. Einer der wenigen Ankerpunkte sei das aus dem Herkunftsland vertraute Essen. Solange man »sein« Essen essen kann, weiß man: Die Welt ist noch in Ordnung. Dabei sind es oft die Geschmäcker aus der Kindheit, deren Erinnerung Halt und Geborgenheit schenken. Meine Mutter, die in den frühen 1970ern mit Anfang zwanzig aus Seoul in Wien landete, lernte erst in Österreich, koreanisch zu kochen, mithilfe von Kochbüchern, die sie sich von Bekannten auslieh. Weil viele der Lebensmittel und Gewürze nirgends erhältlich waren – Asia-Lebensmittelläden sollten erst später entstehen –, war ständiges Improvisieren angesagt. Sie selbst hat nie von Heimweh gesprochen, aber ich denke, dass sie den Schmerz des Getrenntseins von Familie und Freund_innen durch ihre Kochkünste kompensiert hat.

Ich weiß bis heute nicht, wie sie geschafft hat, den Geschmacksnerv der vielen koreanischen Gäste, die zu uns zum Essen kamen, zu treffen, die die von ihr zubereiteten Speisen sogar besser fanden als »daheim« in Korea. Jeder der seltenen, weil teuren »Heimatbesuche« bedeutete indes: gnadenlos vollgestopfte Koffer mit *Gochugaru* (Chilipulver), von meiner Großmutter selbst in Handarbeit hergestellt, *Doenjang* (fermentierte Sojabohnenpaste) und anderen unentbehrlichen Grundzutaten. Jedes Mal, wenn wir den Zoll passierten, brach mir der kalte Schweiß aus. Wie sollte ich den Beamten all das seltsame, stinkende Zeug in den verdächtigen schwarzen Plastiktüten erklären, wenn ich kontrolliert werden würde? Glücklicherweise kam es nie dazu.

Als meine Mutter letztes Jahr an Krebs erkrankte, wollte und konnte sie eine Zeit lang nichts anderes als koreanisch essen. Meine Tante reiste aus Korea an, um ihre Schwester in der schwierigen Zeit der Chemotherapie zu unterstützen. Von ihr lernte ich, verschiedene Arten von *Juk* (Reisbrei) zu kochen: mit *Pat* (Azukibohnen) zum Beispiel, mit *Jat* (Pinienkernen), *Nokdu* (Mungobohnen) oder mit Austernmuscheln und Pilzen. An manchen – guten – Tagen nahm meine Mutter nichts anderes als *Juk* und *Tteok* (Reiskuchen) zu sich. Die Bedrohung durch den Tod und der potenzielle Verlust meiner Mutter führten mir nicht nur vor Augen, dass ich mir endlich ihre Rezepte aneignen sollte (meine bisherigen Bemühungen, mir von ihr die Zubereitung koreanischer Gerichte zeigen zu lassen, scheiterten an den vagen Handlungsanweisungen und noch vageren Mengenangaben: »Mama, wie viel tue ich davon ins Gericht?« – »So viel, bis es aussieht wie jetzt.« – »Ja, aber wie viel ist das?« – »In Korea kocht man nicht nach genauen Mengenangaben!«). Sie machten mir auch klar, dass meine stärkste Verbindung zu Korea über meine Mutter und über das koreanische Essen – *ihr* Essen – stattfand und immer noch stattfindet.

Koreanische Gerichte sind dafür gemacht, geteilt zu werden, weshalb ich koreanisches Essen immer mit großen Runden glücklicher Gesichter verbinde. Doch für Kinder aus migrantischen Familien, wie ich es war, stellte das Essen, das wir von zu Hause kannten und liebten, zugleich eine Quelle der Scham dar. Was unsere Eltern und uns zu »Ausländern« machte, war vor allem unser angeblicher Gestank. Ich erinnere mich noch gut an die Angst, selbst aufzufliegen, wenn meine türkischen Mitschüler_innen als »Knoblauchfresser« beschimpft wurden. Knoblauch und Fremdsein waren praktisch synonym, und die Angst vor dem einen wie auch dem anderen war allgegenwärtig. Und anders als chinesische oder japanische Speisen sind koreanische Gerichte sehr knoblauchlastig.

Überhaupt ist koreanisches Essen eine Küche der Extreme und ein Spektakel für die Sinne: das Brodeln und Blubbern im *Kimchijjigae*-Suppentopf, der direkt am Tisch vor deiner Nase feuerrot kocht. Das scharfe Zischen und der aufsteigende aromatische Dampf, wenn das *Bulgogi*-Fleisch den heißen Tischgrill berührt. Der kurze Schock beim ersten Löffel *Mulnaengmyeon*, einer mit Eiswürfeln gekühlten Nudelsuppe, die im Sommer für sofortige Erfrischung sorgt.

Unter keinen Umständen hätte ich es gewagt, den Schulfreundinnen, die ich zu mir nach Hause einlud, koreanische Gerichte vorzusetzen – dies wäre einem Anschlag auf deren Leib und Leben gleichgekommen. Stattdessen gab es den Fertigmix »Pasta Asciutta« aus dem Päckchen und Rote-Bete-Salat aus dem Glas (war ja auch viel gesünder). Und ich ließ mir nichts anmerken, wenn ich am Mittagstisch meiner österreichischen Freundinnen den süßen Reisauflauf hinunterwürgte, der mir wohlwollend präsentiert wurde. Niemals hätten sie verstanden, wie viel Geborgenheit und Zugehörigkeit, Gemeinschaft und Stärkung uns das fremde, stinkige Essen schenkte, das sie so sehr verachteten.

Wie für viele andere *Ise*, Angehörige der zweiten Generation koreanischer Einwander_innen, ist das koreanische Essen eine der wenigen Möglichkeiten, mich »koreanisch« zu fühlen, ohne mich dabei festlegen zu müssen. Denn die Kombinations- und Umbaumöglichkeiten – versucht mal Schnitzel oder Erbsensuppe mit *Kimchi*, mhmm! – sind endlos. Auch wenn es das Label »K-Food« nahelegen mag: Die *eine* koreanische Küche gibt es nicht. So wie die normative Vorstellung von »Familie« über das Bild des Gemeinsam-am-Esstisch-Sitzens hergestellt ist, ist auch die Idee, dass ein oder mehrere Gerichte eine Nation repräsentieren, Fiktion. Oder eben staatlich institutionalisierte Promotion, um »exotisches« Essen effizienter vermarkten zu können.

Weil mein Koreanisch nicht sonderlich gut ist, breche ich mir jedes Mal beinahe die Zunge, wenn ich versuche, mit meinen Verwandten zu sprechen. Aber ich kenne die Namen vieler koreanischer Gerichte und Nahrungsmittel, weiß um ihren Geschmack, ihre Konsistenz und Textur. Sich auf Koreanisch über Essen zu unterhalten ist schon allein deswegen interessant, weil die Sprache so viel mehr Ausdrücke und Unterscheidungen anbietet als das Deutsche. Und weil so manche Empfindung des Gaumens von bestimmten Gefühlen oder Erinnerungen erzählt, schafft auch das Sprechen über ähnliche Erfahrungen, Abneigungen und Vorlieben beim Essen starke Verbindungen. Vielleicht gucken auch deshalb so viele *Ise* die Kochvideos von Maangchi, die mit fast drei Millionen Abonnent_innen zu den erfolgreichsten YouTube-Stars gehört (ihre Lieblingsvokabel: »delicious«). Im gemeinsamen Abschmecken, Erschmecken, Herausschmecken, Wiederschmecken erinnern wir uns an die Leiden und Freuden des »Andersseins«. Es ist der Geschmack, in dem wir uns wiedererkennen und den wir unaufhörlich teilen und weitergeben wollen.[40]

Sprache

von Margarete Stokowski

In China sind Ende 2018 angeblich zum ersten Mal genetisch veränderte Menschen geboren worden. Die Nachricht löste weltweit heftige Kritik aus, und die chinesische Regierung verbot dem verantwortlichen Wissenschaftler und seinem Team weitere Forschungsaktivitäten. Doch neben allen ethischen Diskussionen, die damit verbunden sind, kann man vermuten, dass einige Leute es gar nicht so schlecht finden würden, wenn Kinder, die in Deutschland mehrsprachig aufwachsen, auch einen kleinen Gen-Schalter eingebaut hätten, der sie veranlasst, bestimmte Sprachen wieder zu verlernen – wenn es die falschen sind. Also alles, was als »ausländisch« gilt und nicht als sexy Expat-Sprache.

So hat die *Bild*-»Zeitung« in derselben Woche mal wieder Alarm geschlagen. »Nur eins von 103 Kindern spricht zu Hause deutsch« hieß es auf der Titelseite. Eine Neuköllner Schulleiterin beschwerte sich: »Wir sind arabisiert!«, und: »Wir sind hier an der Front.« Direkt mal einen Krieg ausgerufen, warum nicht. Die Schulleiterin beobachtet dann noch aus Gruselgründen, dass viele der

Kinder überhaupt nicht erzogen seien. Sie müssten erst mal grundlegende Dinge lernen, schreibt die *Bild*, etwa: »Wenn man jemandem begegnet, dann grüßt man.« Als wenn es verwunderlich wäre, wenn Kinder einer solchen Schulleiterin nicht Hallo sagen wollen.

Prinzessin Charlotte, das Kind von Kate und William, wurde derweil von britischen Medien angehimmelt, weil sie als Zweijährige bereits angeblich zwei Sprachen sprechen konnte. Gut, dass die Nanny, von der sie die paar Brocken aufgeschnappt hat, Spanisch spricht und nicht Arabisch. Dann hätte Gott aber mal wirklich die Queen saven müssen.

Als Kind dachte ich lange Zeit, bilingual aufzuwachsen heißt, dass man außer Deutsch auch noch Französisch oder Englisch zu Hause spricht und nicht das, was die »Polacken« und »Kanaken« tun. »Bilingual« klang wie etwas Wertvolles, während ich als Kind das Gefühl hatte, dass meine Muttersprache etwas ist, was ich besser loswerden sollte. Wie die alten Klamotten vom Flohmarkt, die man irgendwann durch fancy Adidas-Sachen ersetzen konnte, wenn man lange genug gespart hatte. Polnisch war gleichbedeutend mit arm, gleichbedeutend mit: besser nicht da.

»Türkisch lernt man nicht, Türkisch verlernt man«, schrieb Kübra Gümüşay mal in einer *taz*-Kolumne. »Was wäre geschehen, wenn man in den Migrantenkindern keine Probleme, sondern Potenzial und Zukunft gesehen hätte?«, fragt sie. »Hätte man aufgehört, Misserfolge auf ihre ethnische Herkunft zu reduzieren, die sie weder ausgesucht haben noch ablegen können?«

Die Autorin Emilia Smechowski erzählt in ihrem Buch *Wir Strebermigranten*[41], wie ihre Familie – 1988, im selben Jahr wie meine – nach Deutschland kam. Ihre Eltern versuchten, möglichst schnell deutsch zu werden, was auch hieß, dass es ihnen unangenehm war, wenn ihre Töchter in der U-Bahn Polnisch sprachen: »Das Gesicht meines Vaters wurde hart. Ich wusste nicht, was ich falsch gemacht hatte. Meine Mutter schaute sich etwas panisch um. (...) ›Psst!‹, machte sie nur, und als wir aus der U-Bahn gestiegen waren, hockte sie sich vor uns und sagte: ›Mädchen, ab jetzt gilt eine Regel: In Deutschland sprechen wir Deutsch.‹ Dieses ›Psst!‹ sollte zu einem Grundrauschen unserer ersten Monate in Deutschland werden (...). Aus dem ernsten polnischen Kind wurde innerhalb kurzer Zeit ein stummes deutsches.«

Ich kenne diese Erziehungsidee von meinen Großeltern, die etwas früher als wir nach Deutschland gekommen waren und wollten, dass meine Geschwister und ich draußen nur Deutsch sprechen. Wobei man als Kleinkind den Unterschied zwischen den Sprachen erst mal kapieren muss. In meiner Familie ist es eine gern erzählte Anekdote, wie wir als Kinder vor den Fernseher gesetzt wurden, um mit der »Sesamstraße« Deutsch zu lernen und ich als Zweijährige immer nur *»głośniej!«* (»lauter!«) rief, weil ich nicht verstand, dass Samson und Tiffy eine Fremdsprache reden.

Der Versuch, Polnisch draußen zu verhindern, führte jedenfalls irgendwann dazu, dass wir Kinder zu Hause die eigenartige Methode entwickelten, auch wenn Polnisch mit uns geredet wurde, auf Deutsch zu antworten, wie perfekte (Süß-)Kartoffeln. Erst als ich 20 Jahre später während des Studiums einen Sommer in Polen auf dem Friedhof arbeitete, fiel mir auf, dass Polnisch zu können kein Makel war, sondern eine Zusatzqualifikation. Es war, um es kurz zu fassen, eine krasse Erkenntnis. Mir stand ein komplettes Land offen, ich konnte dort reden, singen, arbeiten, alles (das Einzige, was ich nicht kannte, waren die Wörter für »ficken« und »kiffen«, aber das ging dann schnell).

Es ist überhaupt kein Problem, wenn Kinder, die in Deutschland zur Schule gehen, zu Hause nicht Deutsch sprechen. Es ist nur ein Problem, wenn die Bildungseinrichtungen, in die sie gehen, sich nicht darauf einstellen können, dass in Deutschland Menschen verschiedener Herkunft leben. Ich habe Beate Lütke dazu befragt, sie ist Professorin für Didaktik der deutschen Sprache / Deutsch als Zweitsprache und sagt: »Die Sprachen, mit denen ein Kind aufwächst, sind maßgeblicher Bestandteil seiner familiären, sozialen, kulturellen und gesellschaftlichen Identität. Deshalb ist es wichtig, dass diese Sprachen nicht nur im privaten, sondern auch im öffentlichen Raum – insbesondere im Kindergarten und in der Schule – Wertschätzung erfahren und für das gesamtsprachliche Lernen genutzt werden.«

Es ist natürlich kein Zufall, dass die *Bild* sich als Horrorbeispiel eine Schule in Neukölln sucht, einen Bezirk, der in weiten Teilen immer noch von Armut geprägt ist, und zwar zu weiten Teilen von der Armut migrantischer

Menschen, die sich nicht immer aussuchen können, wo sie wohnen. Ich kenne Deutsche, die sich fake-umgemeldet haben, um weiterhin in coolen Vierteln wohnen, aber ihre Kinder auf bessere Schulen schicken zu können (wobei »besser« heißt: weniger Arme, weniger Ausländer).

Mehrsprachigkeit ist aber, nicht nur in Berlin, für viele Menschen eine Realität, die man im Bildungssystem fördern könnte, anstatt sie nach rassistischen Kriterien in gut und schlecht einzuteilen. Die Didaktikprofessorin Lütke kritisiert, dass in Schulen die »mehrsprachlichen Ressourcen praktisch kaum genutzt« werden.

Im Gegenteil: »Teils verbergen Kinder in der Schule sogar ihre Herkunftssprachen aus Angst vor Diskriminierung. Und das, obwohl wir wissen, dass Lernende von einer Wertschätzung und Berücksichtigung all ihrer mitgebrachten Sprachen im gesamtsprachlichen Lernen und insbesondere auch in ihrer Persönlichkeitsentwicklung profitieren würden.« Und nicht nur die lernenden Kinder würden profitieren. Das Verbergen der Herkunftssprachen setzt sich leider oft nach der Schule fort: Viele (post)migrantische Erwachsene verzichten in ihren Lebensläufen darauf, Sprachen wie Arabisch, Polnisch oder Türkisch aufzulisten. Einfach weil es ihnen nicht als zusätzliche Kompetenz erscheint. Erlernen weiße Deutsche im Rahmen eines Studiums oder eines Kurses diese Sprachen, rechnet man es ihnen hingegen hoch an, besonders in sozialen Berufen: als hätten sie einen seltenen Schlüssel gefunden, um mit Mitgliedern von »Problemgruppen« kommunizieren und ihnen Integrationsimperative besser vermitteln zu können. Eigentlich ist es eine schöne Sache, wenn diese oft stigmatisierten Sprachen als wertvoll und lernenswert erachtet werden. Das Absurde ist nur, dass sich Machtgefälle noch stärker manifestieren können, wenn die einen Scham, Schmerz und Sanktionen mit der Sprache verbinden und die anderen durch Zuschreibungen wie Weltoffenheit, Sprachtalentiertheit oder auch Originalität belohnt werden – und eben mit den entsprechenden Jobs. Schöner wäre, nicht nur auf die Aufteilung in gute und schlechte Sprachen zu verzichten, sondern auch mit der Bewertung danach, *wer* sie spricht.

Man kennt mich ja nicht so, dass ich Männer oft das letzte Wort haben lasse, aber in diesem Fall soll es ein anderer Experte haben, Hans-Jürgen Krumm, emeritierter Professor für Deutsch als Fremd- und Zweitsprache, der aus der Forschung berichtet: »Je wenigersprachig ein Land ist, umso weniger Respekt herrscht in diesem Land vor Minderheiten.«

Sex

von Reyhan Şahin

Flatsch! Machen meine deutschtürkischen Pussilippen. Flatsch, flatsch, wenn ich sie vogelfrei und lebendig gedeihen lasse. Flatsch, flatsch, flatsch, wenn sie feucht sind und sich uneingeschränkt wohlfühlen. Plansch, plansch! Als würden sie sich im Planschbecken rekeln und vor Freude quieken wie ein Quietscheentchen.

Vielen erscheint es metaphorisch betrachtet wie Squirrting, wenn Frauen mit ihrer Punani Raum einnehmen, wenn sie selbstbestimmt oder gar pornografisch über die eigene Vulva, Vagina, Pussi oder Votze sprechen. Oder wenn Frauen Penisse haben und lustvoll darüber sprechen. Wenn Frauen etwas härter über Sex sprechen, über ihre eigenen sexuellen Erfahrungen. Nicht so weich- oder weißgespült, sondern direkt – flatsch – in ya face! – mit ihrer eigenen Möse konfrontieren. Wie eine Gesichtsejakulation kommt das dann für viele rüber. Es scheint immer noch ein absolutes gesellschaftliches Tabu zu sein, wenn sich Frauen außerhalb des von Männern gemachten pornografischen Kontextes über ihre Sexualität austauschen. Eine weibliche Sexualität, die eben nicht männlich objektivierenden Perspektiven und Konventionen entspricht. Ich bezeichne dieses Sprechen als Female Sexspeech. Wie anerkannt ist Female Sexspeech in unseren Gesellschaften?

Das offene Sprechen über Sexualität in Form von Female Sexspeech scheint sich für viele regelrecht wie eine harte osmanische Backpfeife anzufühlen. Wenn beispielsweise eine Sängerin in ihren Songs leicht stöhnt, so etwa im Song *Je t'aime* von Jane Birkin und Serge Gainsbourg, gefällt es vielen Menschen, da es erstens lange her ist (1969) und zweitens auf Französisch gesungen wird. Wenn aber eine Rapperin auf Deutsch beschreibt, wie sie befriedigt werden will und dies mit einer härteren Stimme untermalt, heißt es gleich: »Ogottogott, wie kann sie nur? Selbstbestimmte weibliche Lust!« Bei dieser Empörung spielt ihr türkischer Background eine ausschlaggebende Rolle, denn von dieser erwartet man alles, aber keine offensive Sexualität. Sie wollen sich davor schützen, halten beide Hände vors Gesicht. »Aaahhh! Hilfe, die Monstermöse kommt.« Doch es hilft nichts. Flatsch! Muschispritzer direkt in die Fresse. Wie beim Bukkake, nur eben nicht von mehreren Schwänzen, sondern von *einer* Möse. In meinem Fall von einer deutschen Möse mit türkischer Migrationsbiografie. Von einer Kanakin, die von unten kommt und einen Doktortitel trägt. Von einer Bildungsaufsteigerin, die rappt und austeilen kann. Eben von: Dr. Bitch Ray!

»Oh mein Gott, sie hat Votze gesagt!« oder »Wie viele Male hat sie jetzt das Wort Votze in den Mund genommen?« sind verbreitete Reaktionen, wenn ich ungeniert über die Wut in meiner Pussi spreche. »War das wirklich ihr Votzensekret, das sie Oliver Pocher in der Sendung damals überreicht hat?«, wird dann gefragt. Zu Songzeilen von mir à la *»Suck it, Baby, suck it, Bitch / Ich will jetzt Votze statt nem harten Dick ...«* muss ich mir Kommentare anhören wie »Oh nee, das mag ich nicht leiden, wenn Frauen so reden!«. Und zwar von Frauen und Männern aus unterschiedlichen, insbesondere gehobenen Schichten. Dabei war das Vulva-Schauen und Pussilüften schon bei der griechischen Göttin Demeter gang und gäbe und ist somit keine neue Erfindung.

Die Reaktionen hängen natürlich davon ab, von wem dieses Muschibukkake kommt. Im Grunde genommen aber ist es bei jeder Frau ein Schocker, wenn sie ihre *eigene* Sexualität thematisiert. Es wird bestimmt Leute geben, die diesen Text jetzt nicht mehr weiterlesen oder schon im ersten Absatz aufgehört haben, weil sie meine Sprache »zu vulgär« finden und Female Sexspeech nicht ertragen. Würde ich vielleicht auch tun, wenn ich den Hintergrund nicht verstünde. Wenn ich vielleicht prüde wäre und Kunstformen nicht so sein lassen könnte, wie sie sind. Wenn ich nicht so wütend wäre über die gesellschaftlichen Zustände und über den sexistischen, tabuisierenden, skandalisierenden Umgang mit weiblicher Sexualität. Und das auch heute noch, wo alle meinen, wir seien ja alle ach so aufgeklärt.

»Ach was«, werden jetzt viele von Ihnen denken, »das stimmt doch alles gar nicht! Wieso Tabu und welcher

Skandal? Mit Sexualität und Pornografie werden wir doch in Werbung, Film, Fernsehen und Literatur täglich regelrecht beschmissen! (Oder besser gesagt, bespritzt.) Und viele Frauen sprechen doch jetzt über ihre Sex-Erlebnisse.« Das stimmt wohl. Da gebe ich Ihnen recht. Aber welche Art von Sexualität müssen wir da täglich über uns ergehen lassen? Und woher kommt sie? Schauen wir uns das mal an.

Den Sexismus in der Werbung, der regelmäßig von Feminist_innen kritisiert wird, muss ich hier nicht erklären. Dass in Film und Fernsehen überwiegend Männergeschichten erzählt werden anstatt *Her*storys und dass weibliche, selbstbestimmte Sexualität dabei zu kurz kommt oder erst gar nicht gezeigt wird, ist auch bekannt. Die ewig sexualisierenden Boulevardblätter erklären sich von selbst. Und in der Literatur? Nun ja, seit Charlotte Roches *Feuchtgebiete* und E. L. James' *Fifty Shades of Grey* haben sich viele an Sexbücher von und mit Frauen gewöhnt. Könnte man zumindest meinen. Aber was sind das genau für Sexbücher? Geht es da um die Sexualität der jeweiligen Autorin?

Nein, nie direkt. Es handelt sich um Romane, deshalb besteht immer noch eine große Spalte zwischen der Sexualität der Autorin und der der Protagonistin. Der_die Leser_in muss Sexualität und die Autorin nicht im direkten Zusammenhang denken. Im fiktionalen Schreiben lässt sich zwar über manches ehrlicher und offener sprechen, vor allem wenn es um Tabus geht. Dadurch bleibt aber immer auch ein gewisser Interpretationsraum, der Anonymität und Abstraktion gewährt. Wo bleibt hingegen der ehrliche und direkte Umgang mit der eigenen, weiblichen Sexualität? Diese kommt auch noch anno 2019 zu kurz.

Die unmittelbare Thematisierung der Sexualität von Frauen, ob sie Autorinnen, Künstlerinnen, Sängerinnen, Rapperinnen oder Moderatorinnen sind, ist und bleibt bis heute tabuisiert. Es sei denn, die Frauen passen sich männlichen Vorstellungen von weiblicher Sexualität an, indem sie zum Beispiel das attraktive Püppchen spielen und eher zurückhaltend einen auf sexy machen, so wie cis Männer es mögen. Wenn es sich bei der Frau aber auch noch um eine Woman of Color handelt, dann ist es vorbei! Dann kommen Exotisierungsfantasien ins Spiel, denn die Vorstellung, eine Exotin zu ficken, zieht viele an.

Wie ist es mit der Repräsentation und der Selbstinszenierung von Frauen in sozialen Medien wie Facebook, Twitter und Instagram? Nun ja, da gibt's sicherlich einige, die sich sexuellen Schönheitsnormen nicht anpassen und sich auch durchaus trauen, über ihre eigene Sexualität zu sprechen. Aber diese Frauen kann man vielleicht an einer Hand abzählen. Zudem werden Nippel und Vaginen von weiblich gelesenen Menschen zensiert, Dickpics hingegen nicht. Ich weiß noch, wie oft damals meine Sex-Rapsongs von YouTube, Facebook und Vimeo zensiert wurden, während »Arschficksongs« oder andere hochgradig sexistische Songs immer frei zugänglich im Netz blieben. Authentische weibliche Sexualität braucht anscheinend dicke Eierstöcke, um sie sein zu lassen, geschweige denn zu akzeptieren.

Und hängt die Macht, Sexspeech ungehindert nutzen zu können, nicht auch sehr mit dem Feminismus-Trend und der Kommerzialisierung von feministischen Themen zusammen? Je kommerziell erfolgreicher die Frau, desto eher kann sie sich leisten, selbstbestimmt über Sex zu sprechen. Die deutsche Akzeptanz des sogenannten »Pussyhat-Feminismus« aus den USA wäre vor zehn Jahren undenkbar gewesen. Als ich vor zwölf Jahren bewusst über meine »Votze« sprach, um das bis dato negativ besetzte Wort positiv zu reclaimen und Frauen damit unverletzbar zu machen, wurde ich dafür medial skandalisiert und stigmatisiert. Mein Musiklabel »Vagina Style« sorgte nur aufgrund seines Namens für Aufsehen. Beyoncé und Nicki Minaj sind vielleicht auch gute Beispiele dafür, dass englischsprachiges Rappen, die Zensur von Female Sexspeech vehement mildert. Auch haben sich manchmal weiße, eher brave, harmlose Frauen einen gewissen Sexspeech-Slang angeeignet, um cool zu sein und/oder einen »frechen«, »rebellischen« Feminismus nachzuahmen. Aber dies ist für mich eher Sexspeech in Light-Form und wirkt oftmals sehr aufgesetzt. Und irgendwie hat diese Light-Form bisher in keiner Weise die feministisch-kritische Dimension erreicht, die sie meines Erachtens erreichen sollte.

Wenn wir über weibliche Sexualität sprechen, müssen wir auch die intersektionale Ebene einbeziehen. Wir wissen, wie sich diese Mehrfachdiskriminierung auswirken kann. Menschen können aufgrund ihres Geschlechts, ihres ethnischen Backgrounds oder ihres Aussehens rassifiziert und ausgegrenzt werden – und manchmal fällt eben alles zusammen. So zum Beispiel, wenn eine kopftuchtragende Muslimin in einer nicht muslimischen Mehrheitsgesellschaft nicht nur aufgrund ihres ethnischen Backgrounds (etwa Türkin, Kurdin, Araberin) und ihrer religiösen Zugehörigkeit (sichtbar unter anderem an ihrem Kopftuch) ausgegrenzt und / oder diskriminiert wird, sondern zusätzlich aufgrund ihres weiblichen Geschlechts. Eventuell erfährt sie innerhalb der jeweiligen muslimischen Community erneut Ausgrenzung aufgrund ihres modischen bis freizügigen Kopftuchstils.

Eine Maßregelung von außen erleben eben viele Frauen mit und ohne Kopftuch, die sich äußerlich zurechtmachen und schminken. Sie werden von ihren Arbeitskolleg_innen beäugt und ständig nach ihrem Privatleben befragt, weil ihnen sexuelle Freizügigkeit unterstellt wird und das bei vielen Menschen Neugier weckt. Auch ich bin ständig Diskriminierungen und Ausschluss im lookistischen[42] Sinne ausgesetzt, vor allem aufgrund meiner auffallenden, freizügigen oder unkonventionellen Bekleidungsweise und / oder meines ungewöhnlichen Make-ups. Immer noch wird der zurechtgemachten, geschminkten und modisch gekleideten Frau im universitären Umfeld wissenschaftliche Kompetenz abgesprochen.

Es gibt also viele Beispiele für intersektionale Diskriminierung. Jedoch bleibt ein wichtiges Ausgrenzungskriterium sowohl im populären als auch akademischen

Diskurs bisher ziemlich unbeachtet, und zwar Female Sexspeech, um wieder darauf zurückzukommen. Das Sex-Stigma als interSEXionale Ausgrenzungsform ist am unsichtbarsten von allen. Nirgendwo richtig nachweisbar. Nirgendwo richtig erforscht. Aber immer und überall präsent und ein Leben lang haftend. Es haftet an dir wie ein Tripper, den du nie loswirst.

Der Soziologe Erving Goffman beschreibt die Stigmatisierung als eine Art Beziehung zwischen Eigenschaft und Stereotyp. Das Stigma ist der Punkt, an dem die virtuale und die aktuale, also die tatsächliche soziale Identität eines stigmatisierten Menschen auseinanderklaffen. Im Fall des Female Sexspeech scheint eine Extremform des Auseinanderklaffens vorzuliegen, ähnlich wie bei weit auseinandergespreizten Beinen, die die squirrtende Muschi entblößen. Vor allem irritiert es die Leute, wenn noch weitere Eigenschaften der durch das Sex-Stigma diskreditierten Person hinzukommen, die sie nicht miteinander vereinen können, wie zum Beispiel ein seriöser Beruf, ein besonderes Hobby, die Herkunft. Plus Sex, Sex, Sex! Da drehen sie dann völlig ab. Denn das passt für sie alles einfach nicht zusammen!

Ein besonderes Phänomen bei Female Sexspeech ist, dass die Reaktionen darauf extrem sind. Sie zieht nicht nur maximales Hatespeech an, sondern scheint auch männliche Vergewaltigungsfantasien zu triggern. Als gäbe es eine Formel, die lautet: Female Sexspeech = Shitstorm hoch zehn + Rape-Culture-Aktivierung. Mit Rape-Culture-Hatekommentaren könnte ich Bücher füllen. »Dumme Nutte, dich muss man mit einem harten Schwanz totficken!« lautet hier der wahnsinnig einfallsreiche Standardsatz, der sich in zig Variationen findet.

Frauen, die einen türkischen, kurdischen oder arabischen Background haben, die zu ihrer eigenen Sexualität stehen und womöglich auch noch darüber sprechen, werden nicht nur stigmatisiert, weil sie mit traditionellen Geschlechterbildern brechen, sondern auch, weil sie nicht den weißdeutschen Vorstellungen von »orientalischen« Geschlechterrollen entsprechen. Meist beläuft sich das Handlungsschema auf zwei Positionen: Entweder will man türkische Frauen und/oder Musliminnen befreien, da sie selbst nicht in der Lage dazu sind (so wie einst die christlich-männlichen Kreuzfahrer die »orientalische Prinzessin« befreien wollten), oder aber, man spielt sich von außen selbst als Experte der »türkischen Kultur« auf und erinnert sie daran, dass »in ihrem Kulturkreis ja so was gar nicht erlaubt« ist!

Ich durfte mir ständig in Kommentarspalten der sozialen Medien durchlesen, dass das, was ich mache, »sich ja nicht für eine Türkin gehört«. Das ist für mich nichts anderes als Sex-Orientalismus. Dieser ist von Stereotypen und Vorurteilen geleitet, denn dass viele Türkinnen, Iranerinnen oder Kurdinnen in Wahrheit privat ziemlich offen über Sexualität sprechen, interessiert da niemanden. Wobei, wahrscheinlich würde auch diese Aussage nur wieder weißmännliche Exotik-Fantasien anregen.

Der Sex-Orientalismus taucht immer in Zuschreibungen auf, die von der Mehrheitsgesellschaft an migrantische, insbesondere muslimisch, türkisch oder auch kurdisch und arabisch sozialisierte Frauen herangetragen werden, wenn diese irgendwie mit Sexualität in Zusammenhang zu bringen ist. Und selbst wenn nicht: Sie werden trotzdem auf irgendeine Weise mit Sex in Verbindung gebracht, keine Sorge! Sei es, weil sie ein Kopftuch tragen und dies sexuelle Fantasien anregt, sei es, weil sie sich freizügig kleiden und dies aus der Sicht von weißdeutschen Zuschauer_innen nicht zusammenpasst, oder sie über Sex sprechen, oder sei es durch ihre für viele undefinierbare Vielfalt in der Realität. Jedes verdammte Schwein scheint sich für die fucking Sexualität dieser Frauen zu interessieren! Viele würden sicherlich am liebsten durchs Schlüsselloch gucken, wenn sich diese Frauen ausziehen und Geschlechtsverkehr haben. Das ist Orient-Voyeurismus vom Feinsten wie gegenüber dem osmanischen Harem. Am liebsten würde ich von innen eine Stricknadel durch das Schlüsselloch rammen und rufen: Tschüss!! Der Orient-Sexpress ist abgefahren!

Meine Lieblingsfrage, die ich heute noch oft in Bezug auf meine Songtexte höre, ist: »Was sagen eigentlich deine Eltern dazu?!« Diese Frage bekomme ich nicht nur von Journalist_innen gestellt, sondern auch von Wissenschaftler_innen, Menschen, die ich zufällig kennenlerne, oder generell von Leuten, die sich das erste Mal mit mir und meiner Kunst auseinandersetzen. Meine Gegenfrage lautet schon lange nicht mehr »Wozu sagen meine Eltern was?«, weil ich schon weiß, dass dahinter pure Neugier und das Vorurteil der streng religiösen türkischen Eltern stehen, die ihren Töchtern alles verbieten. Dieses Vorurteil soll partout bestätigt werden, deshalb wird so lange gefragt, bis es nicht mehr weitergeht.

Anfangs musste ich des Öfteren meine Gegenfrage runterschlucken, die da lautete: »Was sagen eigentlich deine Eltern zu deiner dummen, vorurteilsbehafteten Fragerei? Würden sie das genauso machen?« Wahrscheinlich ja. Heute antworte ich kurz und freundlich lächelnd: »Gar nichts, ich bin erwachsen, meine Eltern mischen sich nicht mehr in meine Angelegenheiten ein.« Erklären möchte ich den Menschen schon lange nichts mehr, weil es einfach nur Energie kostet und auch nichts bringt, denn es geht dabei nicht mal wirklich um Sexualität, sondern nur um eine Art Selbstbestätigung der Fremdzuschreibungen. Oder um orientalistischen Voyeurismus, etwas Neues über die objektivierte Türkin zu lernen. Lieber nutze ich meine wertvolle Zeit für meine pussitive Selbstsorge. Die gibt mir zumindest etwas zurück.

Flatsch, macht meine Pussi. Flatsch, flatsch, wenn sie sich wohlfühlt und sich ausdehnen kann. Wenn sie sich sicher fühlt und weiß, dass sie noch zigtausend Orgasmen vor sich hat. Und so lange werden meine Pussilips weiterflattern und gedeihen, ohne sich zu verstellen oder sich in irgendwelche Normen reinzupressen. Denn meine Kanaken-Pussi braucht Platz, viel, viel Platz! Und die wird sie sich in diesen deutschen Gefilden immer nehmen, egal was andere darüber sagen oder denken!

Gegenwartsbewältigung

von Max Czollek

Vor einiger Zeit erreichte mich eine E-Mail folgenden Inhalts: »Wir würden Sie gerne für eine Debatte gewinnen. Unsere Fragestellung: Wie geht man als migrantischer Autor, als migrantische Autorin mit der deutschen Schuld um?« Spannende Frage. Nur leider bin ich kein migrantischer Autor. Damit will ich sagen, dass ich keine Migrationsgeschichte habe. Oder anders: dass meine Geschichte nicht den Geschichten entspricht, die normalerweise das Adjektiv migrantisch verpasst bekommen. Oder, dass migrantisch nicht die Rolle ist, an die ich gewöhnt bin. Migrant_innen, das sind die anderen, die Freund_innen, die Verbündeten.

Was ich gewöhnt bin, ist, als jüdischer Autor angesprochen zu werden. Oder, wie ich es lieber nenne: als Judenautor. Und damit bin ich mitten im Thema. Denn in diesem Text möchte ich mich mit der Frage befassen, wie »normale« Vorstellungen von Zugehörigkeit und die Rückkehr rechten Denkens zusammenhängen. Ich behaupte, dass sich diese Vorstellungen in einer nahezu allgemein geteilten Forderung nach Integration manifestieren, weshalb ich sie als Integrationsparadigma bezeichne. Und ich möchte erklären, warum ich die Gegenwartsbewältigung für eine adäquate Gegenstrategie halte. Der Text ist dabei eine Art Bausatz für eine Alternative zum Integrationsparadigma. Es ist an Ihnen, liebe Leser_innen, etwas daraus zu basteln.

Erster Baustein: Die jüdische Bevölkerung in Deutschland besteht heute zu über 90 Prozent aus Menschen, die ab den frühen 1990er-Jahren aus der zerfallenden Sowjetunion migrierten[43]. Die überwiegende Mehrheit der jüdischen Bevölkerung in Deutschland ist also migrantisch. Gleichzeitig tauchen Juden_Jüdinnen im Kontext der derzeit bestimmenden Binarität von Integrierten vs. Parallelgesellschaft nicht auf. Ich habe noch nie eine Talkshow zum Thema Migration erlebt, bei der ein jüdischer Gast auf seine Integrationsleistung hin befragt worden wäre. Die reale empirische Zusammensetzung der jüdischen Bevölkerung steht also in einer Spannung zu der Rolle, die ihnen zugewiesen wird.

Zweiter Baustein: Es ist möglich, sich selbst als jüdisch zu bezeichnen und gleichzeitig zum Juden gemacht zu werden. Meine Jüdischkeit mag mit meinem familiären Hintergrund, meiner religiösen Praxis oder meiner Sozialisation zu tun haben. In diesem Sinne ist sie Teil meiner Identität. Gleichzeitig werde ich zum Juden gemacht, indem mir immer wieder dieselben Fragen gestellt und dieselben Funktionen zugeteilt werden. Es ist sehr wichtig zu verstehen, dass das eine nicht das andere ist, weshalb ich dafür auch zwei unterschiedliche Begriffe verwende:

Die Juden_Jüdinnen als empirische Gruppe und die Juden als zugewiesene oder: konstruierte Gruppe, hinter der bestimmte Erwartungen und Zuschreibungen stehen. Beide Gruppen besitzen eine Geschichte, die jeweils nachvollzogen werden kann. Gleicht das Verhalten eines_r empirischen Juden_Jüdin den öffentlichen Erwartungen und Zuschreibungen an Juden, ist das eine Überschneidung von Leben und Zuweisung, keine Authentizität. Man sollte das nicht verwechseln.

Dritter Baustein: Identitätspolitik bezeichnet einen Zugang, der die Vielfältigkeit der eigenen Identität auf bestimmte Merkmale reduziert. Einen emanzipativen Bezug auf Identität begleitet häufig die Hoffnung, bestehende Marginalisierungen dadurch besser sichtbar machen zu können (zum Beispiel, indem man sich als jüdisch, queer, migrantisch, postmigrantisch und so weiter positioniert). Emanzipative Identitätspolitik bedeutet also den Versuch, die Umgestaltung der Gesellschaft im Sinne eines höheren Maßes an sozialer und materieller Gerechtigkeit effektiver voranzutreiben. Ihr steht eine Realität gegenüber, in der die selbst gewählten Adjektive zu einem Label für die *Verwertbarkeit* marginalisierter Ausdrucksweisen und Perspektiven geworden sind. Jüdisch, queer, migrantisch oder postmigrantisch sind eben nicht nur emanzipative Selbstbeschreibungen, die auf der Nicht-Identität der eigenen Position mit der Dominanzkultur beharren, sondern es sind auch Bezeichnungen, unter denen die Position der Ausgeschlossenen und Diskriminierten kontrollierbar und konsumierbar gemacht wird.

Vierter Baustein: Jüdinnen_Juden spielen in Deutschland eine andere Rolle als Migrant_innen. Michal Bodemann hat die jüdische Rolle in der Gesellschaft als *Gedächtnistheater*[44] bezeichnet. Darin könnte auch eine Erklärung für die Abwesenheit der Juden bei Integrationsdiskursen liegen, über die ich mich im ersten Baustein gewundert habe: Zwischen Juden und Deutschen passt im Gedächtnistheater kein Blatt Papier mehr. Auch nicht dieser Essay.

Der Verweis auf die Deutschen ist wichtig, weil es auf den Ort verweist, von dem aus das Begehren nach Läuterung überhaupt erst verständlich wird. *Wer* möchte von sich gern glauben, dass sie keine Nazis mehr sind? Für *wen* ist diese Läuterung daraufhin ein Argument, zur Weltmeisterschaft wieder die Fahnen rauszuhängen? Im geteilten Begehren nach Normalität und positivem Nationalstolz konstituiert sich das deutsche Kollektiv wie von selbst. Ich brauche nicht einmal eine Theorie, um das nachzuvollziehen. Darum zitiere ich auch nur eine kurze Notiz von Max Horkheimer, Philosoph und Soziologe, jüdischer Exilant und ehemals Leiter des Frankfurter Instituts für Sozialforschung. Horkheimer vermerkte Anfang der 1960er-Jahre: »Immer wieder formulieren: das Schuldbekenntnis der Deutschen nach der Niederlage des Nationalsozialismus war ein famoses Verfahren, das völkische Gemeinschaftsempfinden in die Nachkriegsperiode hinüberzuretten. Das Wir zu bewahren war die Hauptsache.«[45]

Fünfter Baustein: Schon früh in der Geschichte der

BRD – und auf andere Weise auch der DDR – wurde den Juden_Jüdinnen die Rolle zugewiesen, als Juden die deutsche Seite ihrer Läuterung zu versichern. Dabei genügte einerseits schon ihre bloße Anwesenheit. Wo Juden_Jüdinnen leben, kann schließlich kein Nationalsozialismus sein. Andererseits bestätigen deutsch-jüdische Gedenkrituale die Normalitätsbehauptung immer wieder aufs Neue. Mitte der 2000er-Jahre war die gewünschte Normalisierung so weit vorangeschritten, dass man sich anlässlich der Fußballweltmeisterschaft wieder erlauben wollte, die Fahnen rauszuhängen und die Nationalhymne zu schmettern.

Im Theater der deutschen Selbsterzeugung spielen aber nicht nur Juden mit, auch Migrant_innen bekommen eine bestimmte Rolle zugewiesen. In Anlehnung an Bodemanns Gedächtnistheater verwende ich dafür den Begriff Integrationstheater. Sein Skript sieht eine Zweiteilung in »gute« und »schlechte Migranten« vor. Gute Migrant_innen schießen Tore für die Nationalmannschaft und bekommen einen Integrationsbambi. Schlechte Migrant_innen unterdrücken ihre Frauen und stehen zur Silvesternacht mit Samenstau am Kölner Hauptbahnhof, wo sie deutsche Frauen anfassen. Die Rollenteilung ermöglicht eine doppelte Bestätigung des deutschen Selbstbildes: dass Deutschland eine offene Gesellschaft ist und dass diese offene Gesellschaft zugleich von denjenigen bedroht wird, die in ihr auch leben sollen, also den Migrant_innen.

Sechster Baustein: Analog zum Gedächtnistheater

folgt auch das Integrationstheater einem Skript. Die Skripte unterscheiden sich teilweise erheblich voneinander, pendeln aber beide zwischen Läuterung und Dominanzanspruch. Das zeigt sich auch daran, dass immer dieselbe Seite entscheidet, wer Integration fordern darf und wer unter Verdacht steht, Integration zu verweigern.

Das ließ sich zuletzt an der #MeTwo-Debatte um den Austritt des Fußballers Mesut Özil aus der deutschen Nationalmannschaft im Sommer 2018 nachvollziehen. Interessant an dem Ereignis war gerade nicht, dass Özil und İlkay Gündoğan ein Foto mit dem türkischen Präsidenten Recep Tayyip Erdoğan aufgenommen hatten. Solche Dinge passieren andauernd. Fußballer sind nicht unbedingt kluge Menschen. Frappierend war, mit welcher Selbstverständlichkeit der Deutsche Fußball-Bund (DFB) den Verdacht formulierte, das Ausscheiden der Nationalmannschaft wäre wesentlich auch wegen der mangelnden Treue Özils und Gündoğans zu Deutschland erfolgt.

Wären Ignoranz oder Demokratiefeindlichkeit tatsächlich Ausschlusskriterien für den DFB, dann müsste er auch andere Menschen auf ihre Loyalität hin befragen. Beispielsweise Ex-Fußballer und Kommentator Lothar Matthäus, der im Sommer 2018 nahezu unkritisiert den russischen Präsidenten Wladimir Putin besuchte. Da hat eben keiner gefragt, ob die Loyalität von Lothar Matthäus nicht eigentlich bei Russland liege. Ich schließe daraus, dass die Aussagen des DFB eine bestimmte Vorstellung davon formulieren, wer auf welche Weise seine Loyalität unter Beweis stellen muss. Ich könnte auch schreiben: wer beweisen muss, dass er oder sie gut integriert ist.

Siebter Baustein: Özil und Gündoğan waren nur die Spitze eines Eisberges, an dessen unterem Ende die Realität des Integrationsdenkens in seiner eiskalten Abgründigkeit sichtbar wurde. Das demonstrierten auch die in den sozialen Medien in den folgenden Wochen unter #MeTwo geteilten Rassismus-Erfahrungen marginalisierter Menschen eindrücklich. Menschen, die mit einem deutschen Pass, einem »falschen« Namen oder »falscher« Haarstruktur in Deutschland lebten, werden auch in der Gegenwart als Fremde verortet und von Job bis Wohnungsvergabe diskriminiert.

Das Integrationsparadigma beruht auf einer bestimmten Vorstellung von Zugehörigkeit, das über die Forderung nach Verfassungstreue und Spracherwerb hinausgeht. Seine Quellen liegen in einem Denken, das sich ab dem 17. Jahrhundert in Deutschland entwickelt hat – das völkische Denken. Dazu gehört ein bestimmtes verinnerlichtes Ideal der Homogenität. Und tatsächlich kann man sich auch im Deutschland der Gegenwart radikale Vielfalt nicht als Status quo vorstellen. Oder warum heißt es immer Parallelgesellschaft und nie Subkultur?

Integrationsparadigma bedeutet, dass ein bestimmter Teil der Gesellschaft entscheidet, wer ab welchem Zeitpunkt Deutsche_r ist und wer Ausländer_in bleibt. Und es bedarf der Vorstellung eines dominanten gesellschaftlichen Zentrums, sonst ergäbe die Aufforderung zur Integration keinen Sinn. Und der Begriff deutsche Leitkultur auch nicht. Ich behaupte, dass die Aktualität völkischen Denkens, bei der ein bestimmter Teil der Gesellschaft entscheidet, wer sich anzupassen hat und wer nicht, kein Ausdruck eines unbewältigten Rassismus einiger Menschen in Deutschland ist. Vielmehr handelt es sich um einen Systemfehler der offenen Gesellschaft. Und dieser Systemfehler heißt: Integrationsparadigma.

Denn was ist es anderes als ein Systemfehler der offenen Gesellschaft, wenn manche Menschen noch in der zweiten oder dritten Generation unter Verdacht stehen, sich nicht angemessen und umfassend genug integriert zu haben. Ein Systemfehler ist es auch, wenn Menschen in einer ostdeutschen Kleinstadt angegriffen werden, weil ihr Aussehen nicht den Erwartungen des rechten Mobs entspricht. Bis in die größten Medien hinein wurden die Angriffe von Chemnitz im Sommer 2018 als Attacken »gegen Ausländer« bezeichnet. Als wäre Staatsbürgerschaft plötzlich wieder etwas, über das in Deutschland die äußersten Rechten entscheiden. Wirst du von Rechten gejagt, dann bist du Ausländer.

Wäre Deutschland in seinem Selbstverständnis tatsächlich eine offene Gesellschaft, hätte in den Zeitungen stehen müssen: Der rechte Mob von Chemnitz hat ein Viertel der deutschen Bevölkerung attackiert.

Achter Baustein: Ich denke, dass wir nicht in der Lage sein werden, dem Wiederaufleben rechten Denkens in Deutschland den Boden zu entziehen, solange das politische Denken über Zugehörigkeit im Rahmen des Integrationsparadigmas verbleibt. Das betrifft sowohl die

Ebene der Analyse als auch die Entwicklung von Gegenstrategien, wobei sich die Gegenstrategien im besten Fall aus den Analysen ergeben. Derzeit kann ich im Wesentlichen zwei Ansätze zum Umgang mit rechtem Denken identifizieren: die vermeintliche *Aneignung rechter Begriffe* und eine Art der Zuwendung, die ich in meinem Buch *Desintegriert Euch!* (Hanser 2018) als *Rhetorik der Zärtlichkeit* bezeichne.

Die Zärtlichkeit mit Wähler_innen rechter Parteien hat eine lange Geschichte – und seit der Bundestagswahl 2017 auch eine ziemlich intensive Gegenwart. Repräsentant_innen sämtlicher auf deutscher Bundesebene vertretenen Parteien wiederholten damals gemeinsam das Mantra: Man muss die Sorgen der Wähler_innen der AfD ernst nehmen. Was genau drückt sich in dieser Phrase aus? Der Begriff »Sorgen« unterstreicht zunächst, dass es sich um legitime Ansprüche handelte. Wer sich sorgt, hat auch einen Grund zur Sorge. Dem »ernst nehmen« liegt das Zugeständnis zugrunde, dass man es vorher versäumt habe, sich um die Sorgen der Wähler_innen zu kümmern. Das »ernst nehmen« ist damit nicht nur Teil einer Rhetorik der Zärtlichkeit, es beinhaltet auch das Versprechen auf Besserung.

Was bedeutet diese Besserung konkret? Damit komme ich zur zweiten Strategie, die ich als Aneignung rechter Begriffe bezeichne. Ich versuche einmal, eine kleine Chronologie dieser Aneignung seit der Bundestagswahl nachzuzeichnen: Direkt nach der Wahl veröffentlichten Politiker_innen und Verbände aller Parteien zunächst Verlautbarungen zur positiven Heimatliebe. Da wollte sich keine Partei lumpen lassen. Am 3. Oktober 2017 schließlich sprach Bundespräsident Frank-Walter Steinmeier von der Heimatliebe und unterstrich, »[W]er sich nach Heimat sehnt, der ist nicht von gestern«[46]. Einige Wochen später wurde klar, dass die neue Bundesregierung das Innenministerium in Bundesministerium des Innern, für Bau und Heimat umbenennen würde, von vielen kurz Heimatministerium genannt. Diese unterschiedlichen Beispiele wurden öffentlich als Teil einer Strategie der Aneignung rechter Begriffe zusammengefasst, als Strategie also, der AfD den Wind aus den Segeln zu nehmen. So weit, so konsequent.

Als erste Amtshandlung verkündete dann allerdings der frisch gekürte Heimatminister Horst Seehofer, der Islam gehöre nicht zu Deutschland. Das sah denn nicht mehr wie eine Aneignung rechter Begriffe, sondern wie die Integration ihrer Denkfiguren aus. Will man auch noch den bayrischen Wahlkampf dazunehmen, wird umso deutlicher, dass die Strategie der Übernahme rechter Begriffe vor allem eine Verschiebung des Sagbaren nach rechts bedeutet hat. Man könnte daraus schließen, dass die Strategie der Übernahme rechter Begriffe bis auf Weiteres gescheitert ist.

Neunter Baustein: In der Realität der Integrationsforderung steht der Rhetorik der Zärtlichkeit, die Wähler_innen rechter Parteien ansprechen soll, eine Rhetorik der Härte gegenüber, die sich derzeit vor allem auf Geflüchtete richtet. Das ist nicht zufällig jene Gruppe, die von rechter Gewalt seit Jahren am schlimmsten bedroht ist. Ein paar Zahlen dazu:

2017 gab es in Deutschland laut Amadeu Antonio Stiftung und Pro Asyl durchschnittlich vier Übergriffe auf Geflüchtete pro Tag. Das Bundeskriminalamt zählte für dasselbe Jahr 251 rechtsextreme Angriffe allein auf Flüchtlingsunterkünfte. Aber das ist noch lange nicht alles, denn die Verweigerung des Schutzversprechens betrifft auch die Morde des NSU, deren offen rassistische Motive jahrzehntelang nicht erkannt worden sind. Dem damals neu eingesetzten Leiter des Verfassungsschutzes, Hans-Georg Maaßen, der inzwischen schon wieder entlassen wurde, scheint das allerdings nie besonders leidgetan zu haben.

Die Rhetorik der Härte äußert sich darüber hinaus im Ausbleiben von Solidaritätsbekundungen, was für die Betroffenen die deutliche Sprache unterlassener Hilfeleistung spricht. In den letzten Jahrzehnten hat sich Deutschland wiederholt als ein Staat präsentiert, der die Opfer rechter Gewalt nicht geschützt hat und nicht schützen wird. Seine gewählten Politiker_innen bringen vielmehr Verständnis für die Wähler_innen einer Partei auf, die Homogenität und kulturelle Dominanz predigt und sich auch von rassistischen Gewalttaten nicht so recht zu distanzieren vermag. All das hat zu einem massiven Vertrauensverlust in der migrantischen und postmigrantischen Bevölkerung geführt. Und das betrifft keine kleine Minderheit, sondern einen großen Teil der Menschen, die die Zukunft dieses Landes mitbestimmen werden.

Zehnter Baustein: Wir sind an einem Punkt angelangt, an dem sich dieses Land einen solchen Ausschluss eines Viertels seiner Bevölkerung nicht mehr leisten kann. Die offene Gesellschaft wird sich verändern müssen – oder sie wird nicht mehr sein. Für diese Veränderung sind wir denkbar schlecht vorbereitet, denn das Integrationsparadigma transportiert eine Vorstellung von Zugehörigkeit, in der auch rechte und rassistische Denkweisen mühelos Platz finden können. Die entscheidende Frage scheint daher nicht zu sein, inwiefern AfD oder Pegida neovölkische Denkweisen für den politischen Raum aktualisieren, sondern was in unserem eigenen Denken so eingerichtet ist, dass es diese Phänomene nicht verhindern konnte.

Ich denke, das Problem fängt mit der Erzählung von der gelungenen deutschen Läuterung an. Die Deutschen wollen nichts so sehr, wie endlich wieder normal zu sein, weshalb sie in dieses Selbstbild in den letzten Jahrzehnten immense emotionale Ressourcen investiert haben. Natürlich erzeugt so ein Narrativ, wie jede Erzählung, Leerstellen. Denn die Normalitätsbehauptung schließt eine entscheidende Einsicht von vornherein aus, die aus der zunehmenden Popularität rechter Politik in Deutschland zu gewinnen wäre: dass die deutsche Vergangenheit bei Weitem nicht so gut bewältigt worden ist wie angenommen und gehofft.

Als Gegenbegriff zu dieser Form der unhintergehbaren Normalitätsbehauptung möchte ich den Begriff der Gegenwartsbewältigung einführen. Die Gegenwartsbewältigung geht davon aus, dass wir in einer postnationalsozialistischen Gesellschaft leben. Damit drehe ich die gewohnte Perspektive um, denn aus Sicht der Gegenwartsbewältigung wäre es überraschend, würden sich überkommene Denkweisen nicht in der Gegenwart manifestieren. Als Gegenbegriff zur Vergangenheitsbewältigung bezeichnet Gegenwartsbewältigung darüber hinaus den Versuch, die Gegenwart fortwährend so einzurichten, dass sich die gewaltvolle deutsche Vergangenheit nicht wiederholt. Die Gegenwartsbewältigung strebt also keine Normalität oder Läuterung an, sondern das Bewusstsein, dass es der permanenten Arbeit an sich selbst und der Gesellschaft bedarf.

Die Übernahme einer Perspektive der Gegenwartsbewältigung hätte daher auch Auswirkungen auf das Gedächtnis- und Integrationstheater, da mit ihr die Inszenierung von Normalität wegfiele. Stattdessen könnten wir uns auf die Frage konzentrieren, wie wir Bündnisse so schließen, dass sich die Vision einer offenen Gesellschaft auch in politischen Mehrheiten niederschlägt. Mit dem Ende der Aufführungen im Gedächtnis- und Integrationstheater würde außerdem die Bühne frei für eine Anerkennung radikaler Diversität, die in Wahrheit schon heute viel realer ist als die Fantasie kultureller Hegemonie. Die deutsche Gegenwart ist längst unentwirrbar auch eine queere, jüdische, muslimische und atheistische Gegenwart.

Elfter Baustein: Ich habe beschrieben, wie die Hoffnung auf Normalität in Deutschland die Strategien gegen rechte Parteien und Bewegungen einschränkt. Außerdem habe ich argumentiert, dass das Integrationsparadigma nicht in der Lage ist, so etwas wie die AfD zu verhindern, weil es als Vehikel völkischer Denkweisen fungiert. Mit der Gegenwartsbewältigung ging es mir anschließend darum, ein Modell vorzuschlagen, was über dieses Denken hinausweist und eine andere Perspektive auf die deutsche Gegenwart ermöglicht.

Zuletzt möchte ich mich nun mit den Handlungsoptionen marginalisierter Menschen befassen, sich gegen ihre Zuordnung und Funktionalisierung im Rahmen des deutschen Gedächtnis- und Integrationstheaters zu wehren. Als marginalisiert definiere ich dabei diejenigen, denen nicht nur eine Funktion zugewiesen wird, sondern die auch immer auf dieselben Fragen antworten müssen: Wo kommst du her? Bist du ein Mann oder eine Frau? War deine Familie im Holocaust? Hinter diesen Fragen steht nicht nur eine Vorstellung von Normalität, sondern vor allem die Annahme, dass man den Fragenden eine Antwort schuldig ist: Mann oder Frau. Deutsch oder Nicht-Deutsch. Shoah oder nicht.

Für eine Unterbrechung dieser Situationen habe ich das Konzept der Desintegration vorgeschlagen. Desintegration könnte im Kontext dieses Essays die Verweigerung einer Antwort auf die vermeintlich zwingenden Fragen bedeuten. Die Lüge. Die Fiktion. Das Schweigen.

Zwölfter Baustein: Am Tag nach der Frankfurter Buchpremiere von *Desintegriert Euch!* standen der Dramaturg Necati Öziri und ich auf einer Bühne und sollten 15 Thesen zur Zukunft der deutschen Literatur vortragen. Kurz vorher entschieden wir uns, unsere Namen zu tauschen. Necati sagte: »Meine sehr verehrten Damen und Herren, wir haben Sie angelogen. Natürlich bin ich Max Czollek, und das da drüben ist Necati Öziri. Sieht man ja.« Und dann lasen wir dem irritierten Publikum unsere gemeinsam erarbeiteten Thesen vor, wobei Necati meine Gegenwartsbewältigung und ich Necatis Kanak Attack vertraten.

Desintegration könnte auch heißen, die zu Anfang dieses Essays erwähnte Anfrage des Journalisten abzusagen, ohne sie zu korrigieren. Diese Nicht-Distanzierung könnte ein Akt der Solidarität sein mit denjenigen, die immer wieder auf die gleiche Weise als Migrant_innen adressiert werden. Desintegration bedeutet die Anerkennung der radikalen Vielfalt der deutschen Gesellschaft. Sie will eine Situation, in der Minderheiten auf Augenhöhe mit dem deutschen Begehren agieren können. Desintegration bedeutet also über die oben genannten Beispiele hinaus, dass das Versprechen auf Gerechtigkeit im Sinne der materiellen und sozialen Teilhabe für alle Menschen in einer Gesellschaft umgesetzt wird.

Es gehört zu einer ausgereiften pluralen Demokratie dazu, die Ambivalenzen, die eine solche Verschiebung des Denkens über Zugehörigkeit und Gesellschaft eröffnen würde, auszuhalten. Das Versprechen der Desintegration ist nicht Harmonie, sondern Selbstbestimmung. Und eine Aktualisierung des Versprechens der Demokratie als Ort der Gerechtigkeit, an dem man ohne Angst verschieden sein kann.

Zusammen

von Simone Dede Ayivi

Seit ich denken kann, mache ich Scheiße-Listen: *Kapitalismus* steht da drauf. *Rassismus, Sexismus.* Aber auch *Kein Sekt nach der Premiere, Betrunkene Leute in der U8, Junggesellenabschiede, Fahrradwege, die im Nichts enden* und *Bewerbungen schreiben.*

Scheiße ist: die gesellschaftliche Lage und Gesamtsituation. Scheiße sind Rape Culture und Rechtsruck. Naziaufmärsche, Polizeigewalt, Klimawandel und Tote im Mittelmeer. Alles scheiße. Genauso wie: rechter Terror, Racial Profiling, Mietsteigerungen, Catcalling und ein Stundenlohn, den ich mir nicht mehr ausrechnen mag.

Alles Themen, die brennen. Ungerechtigkeiten, die wütend machen. Lebensbedingungen, die uns zermürben – und schon die Länge dieser Liste macht mich ohnmächtig, hilflos. Nirgends lässt sich ein Häkchen setzen. Nichts scheint jemals erledigt. Das meiste spitzt sich gar immer mehr zu. Erfolgserlebnisse sind selten, flüchtig und gering. Alles schlimm. Und alles scheiße? Dagegen hilft nur die Veränderung der Verhältnisse!

Es gibt eine Art Deutschlanddepression. Als Reaktion

auf die Kälte, klimatisch und zwischenmenschlich. Ausgrenzung und Gewalterfahrungen, prekäres Arbeiten, Leistungsdruck und Unsicherheit tragen ihren Teil bei, Angepöbeltwerden im Bus, Beleidigungen in Kommentarspalten, Kaufhausdetektive, die dich verfolgen – das ist ermüdend und entmutigend.

Vor allem dann, wenn niemand reagiert. Wenn es außer die betroffene Person niemanden zu stören scheint. Wer nicht mehr kann oder will, zieht oft dieselbe Konsequenz: den Rückbezug aufs Selbst. Abgrenzung und Selfcare, Rücktritt ins Private. Selbstliebe, Selbstoptimierung. Abstand. Die am häufigsten vorgeschlagene Lösung ist: Wir leben in schlechten Zeiten – also sei erst mal gut zu dir selbst. Ich halte davon nichts.

Der Activist Burn-out, der Feminist Burn-out sind real – für alle, die nicht gern Ungerechtigkeiten hinnehmen. Besonders, wenn sie selbst von Diskriminierung betroffen sind: Wer ehrenamtlich tätig ist, achtet nicht auf Überstunden. Zu tun gibt es gerade mehr als genug. Ob wir uns in Nachbarschaftsinitiativen oder im Umweltschutz einsetzen, feministische oder antifaschistische Arbeit machen: Die Scheiße-Listen dieser Tage sind lang, und wer sie als To-do-Listen begreift, ist schnell überfordert.

Ich selbst weiß oft nicht, was ich zuerst angehen soll. Habe Angst, mich nicht genug eingesetzt oder etwas übersehen zu haben. Ich nehme jeden Naziaufmarsch und jede Mieterhöhung im Kiez persönlich. Welche Demo habe ich verpasst, welchen Text nicht geschrieben, dass das passieren konnte? Bin ich größenwahnsinnig? Ein wenig. Doch meine Weltrettungsfantasien lassen mich jeden Morgen aufstehen, in einer feindseligen Welt, mit meiner Angst und meiner Deutschlanddepression.

Meine Weltrettungsfantasien – und ihr!

Denn das Gegenteil von Scheiße ist mit euch.

Selbstoptimierung hat auch im aktivistischen Bereich ihre Grenzen. Ich kenne das Bedürfnis, ALLES zu lesen, jeder Debatte zu folgen, in den sozialen Netzwerken und auf der Straße fit zu sein. Aber es gibt nur eine begrenzte Anzahl von Kämpfen, die du führen kannst: Du kannst nicht immer die beste Freundin, Schwester oder Genossin sein. Aktivistische Arbeit ist Arbeit. Zu viel Arbeit laugt aus, zermürbt. Diese Erfahrung haben wohl sehr viele engagierte Menschen in den letzten Jahren gemacht, deswegen haben wir oft darüber geschrieben und gesprochen. Doch sinnvolle Arbeit gibt auch Kraft, empowert und macht gute Laune.

So real der Activist Burn-out ist: Er ist nur eine Seite der Medaille. Für mich: die Seite, über die wir lange genug redeten. Denn da ist etwas, das stärker ist. Ihr und ich! Sich nicht allein wehren zu müssen heißt nicht nur: Geteiltes Leid ist halbes Leid. Sich nicht allein wehren zu müssen kann stärken. Neues hervorbringen.

Ich stehe vor einem Supermarkt. Zwei Polizisten kontrollieren eine Person. Reden auf sie ein, verhalten sich grob und arrogant und wedeln ihr mit ihren Papieren vor dem Gesicht herum. Als sie versucht, danach zu greifen, ruft einer der Polizisten laut: »Hey! So was kannst du vielleicht zu Hause in Afghanistan machen, aber nicht hier bei uns in Deutschland.«

Mein Bauch und mein Kopf geraten in solchen Momenten in einen Konflikt, bei dem am Ende nie klar ist, wer eigentlich gewonnen hat: Mein Bauch schickt mir den Impuls durch den Körper, sofort zu reagieren. Zu helfen – irgendwie! – oder wenigstens zu zeigen, dass ich da bin und die Situation mitbekomme. Soll ich den Vorgang filmen? Etwas rufen? Was?

Mein Kopf versucht, mir die Gefahren aufzuzeigen. Sobald ich reagiere, kann das auch negative Folgen haben – bevor ich also einschreite, in irgendeiner Form, mahnt mein Kopf, sollte ich zumindest den Ansatz einer Strategie entwickeln.

Wer diesen Kampf schnell in sich austragen kann, gilt als schlagfertig. Bei mir schwankt das: Ich glaube, ich brauchte etwa vier Sekunden, bis sich etwas in meinem Mund formte, von dem ich heute nicht mehr weiß, was es mal werden sollte.

Denn bevor ich sprechen konnte, geschah Folgendes:

Person hinter mir: »Was sagen Sie denn da?«

Person mit Kinderwagen neben mir: »Das ist rassistisch!«

Person auf dem Fahrrad: »So was kannst du vielleicht bei dir zu Hause in Sachsen sagen, aber nicht hier bei uns in Kreuzberg.«

Das war der Moment, in dem ich mich entschied, nach Kreuzberg zu ziehen. Nicht, weil ich glaubte, es gäbe hier keinen Rassismus: Ich hatte ihn ja gerade erlebt. Auch nicht, weil mich die Person auf dem Fahrrad hätte hoffen lassen, dass es hier im Kiez allgemeiner Standard sei, solche Sätze nicht zu dulden und sie nie unwidersprochen zu lassen.

Manchmal geht es nur um ein Gefühl. Oder um den Wechsel von Gefühlen: Ich erlebe eine Ungerechtigkeit. Werde wütend. Und muss entscheiden: Was wird aus meiner Wut?

Falls ich nur zusehe, nicht widerspreche, wächst aus der Wut Hilflosigkeit, Resignation. Dazu kommt Scham über mein Nichtstun. Doch falls ich reagiere und die Wut dorthin schicke, wo sie hingehört – gegen das, was mich wütend macht –, bleibt der Stress im Körper: Das Gefühl, immer wachsam sein zu müssen, weil du dich nur auf dich selbst verlassen kannst.

Erst dann, wenn noch jemand außer mir selbst reagiert, wird das anders.

Dann folgen auf Wut und Stress Entspannung und Zuversicht. Denn jemand teilt meine Sicht, steht neben mir. Bewusst und wissentlich oder nicht: Sobald eine zweite Person, eine Kraft von außen zu Hilfe kommt, interveniert – und sei es nur mit einem einzigen Wort –, drehen sich die Kräfteverhältnisse. Eine Schieflage, die gegen mich drückt, gerät ins Wanken. Denn es geht um die Frage: Was ist normal?

Werden Menschen rassistisch beschimpft oder sonst wie beleidigt und niemand widerspricht, dann scheint es niemanden zu stören und etabliert sich so als Normalität. Wer schweigt, stimmt zu. Die beschimpfte Person muss sich das gefallen lassen. »Das ist dann halt so. Da kann man wohl nichts machen.« Plötzlich denken wir, solche Schieflagen hinnehmen, aushalten zu müssen.

Ich glaube, wir tragen solche Erfahrungen mit in die nächste, ähnliche Situation hinein – und dann fehlt uns noch mehr der Mut, einzuschreiten und zu reagieren. Eine positive Erfahrung kann den Mut, die Kraft wecken, auch beim nächsten Mal aktiv zu werden. Selbst wenn ich nur stille Beobachterin war: Zu sehen, dass es Menschen gibt, die sich in ihrem direkten Umfeld spontan für andere einsetzen oder für sich selbst einstehen, die sich einmischen, nicht einfach wegschauen, zeigt mir eine gesamtgesellschaftliche Verantwortung auf: Es ist wichtig, sich im Alltag solidarisch zu zeigen. Nicht zuerst die eigene Ruhe im Blick zu haben, sondern die Menschen um sich herum. Es geht darum, wie wir zusammenleben wollen. Wie wir miteinander sein wollen. Sich im Alltag solidarisch zeigen heißt, Verantwortung zu übernehmen. Einfach weil ich gerade in diesem Moment an diesem Ort bin und dort mit anderen Menschen zusammentreffe.

Alltagsrassismus zum Beispiel begegnet man am besten mit dieser Alltags*solidarität*.

Nehmen wir es hin, in einer Gesellschaft zu leben, in der unsere Mitmenschen und wir schikaniert und eingeschüchtert werden? Wollen wir, dass sich alle Menschen frei bewegen können: ohne Angst und ohne beleidigt, bespuckt, abgewertet zu werden? In einer Nachbarschaft zu leben, in der sich eine Mehrheit für letzteres entscheidet, macht unheimlich gute Laune!

Ich brauche solche kleinen Momente der Alltagssolidarität. Momente auf unseren täglichen Wegen in Deutschland, in denen unerwartet jemand etwas besser macht als befürchtet oder einfach gewohnt. Und damit zeigt, dass es eben nicht normal ist, wenn Menschen, Nachbar_innen angegriffen werden.

Selbstverständlich nimmt das spontane Eingreifen von Umstehenden die Beleidigung nicht zurück. Es neutralisiert sie nicht. Doch sobald jemand ungefragt Position bezieht, eine Ungerechtigkeit erkennt und sich nicht peinlich berührt wegduckt, sondern einschreitet, ändert sich das Gleichgewicht. Plötzlich wird nicht mehr das Opfer in die Ecke gedrängt, sondern die Person, die die Scheiße zu verantworten hat. Erschreckend, wie selten und besonders das ist. Es zu erleben gibt Kraft. Nimmt den Zweifel, dass etwas falsch *an dir* ist.

Denn das ist das Perfide an dieser Art, Rassismus, Sexismus, Ausgrenzung zu erfahren: Du fragst dich wider besseres Wissen, welche Schuld du an deiner Entwertung trägst. Wo du hättest ruhiger, netter, unauffälliger sein können, um diese Situation zu vermeiden? Solche Fragen sind zugleich Selbstschutz und Selbsthass. Sie zeigen, wie sehr wir verinnerlicht haben, dass etwas »falsch« sei an uns. Und sie zeigen unser Bedürfnis, die Art und Weise, wie wir behandelt werden, selbst beeinflussen zu können.

Bei all dem Stress aber, den es macht, Diskriminierung zu erfahren und sie offen zu benennen: Sobald du dich als rassismuskritisch outest, bist du nicht nur angreifbar. Du bist auch sichtbar. Erst Sichtbarkeit macht möglich, dass andere dich und deine Positionen erkennen können.

Wenn dein Prof etwas Rassistisches sagt und du die Hand hebst, um zu widersprechen, wirst du dir merken, welche Personen im selben Moment die Hände reckten. Wahrscheinlich werdet ihr nach dem Seminar noch kurz zusammenstehen. Mit etwas Glück sind das die Menschen, die dich als Freund_innen durch deine Studienzeit begleiten.

Es stärkt und stützt sofort, mit Menschen verbunden zu sein, die dir nicht nur helfen, einen Realitätsabgleich zu machen, und dir offen sagen: »Es liegt nicht an dir, sondern an der Welt, in der wir leben.« Sondern die sich auch schon theoretisch damit auseinandersetzten: die dir Lesetipps und YouTube-Links geben können, Suchbegriffe, eine Sprache, die Diskriminierungen greif- und benennbar macht. Menschen, die dir zeigen, wo du noch weitere Verbündete findest, dich zu Veranstaltungen einladen – Veranstaltungen, die helfen und von denen du nichts mitbekommen hast, weil du nie in einer jener Facebook-Gruppen warst; nicht einmal wusstest, welche Gruppen existieren. Solidarität erlebst du unter Menschen, von denen du gesehen und verstanden wirst. Mit denen du vor allem auch Spaß haben kannst – und Zweifel, Frust und Umsturzpläne teilen.

Als jemand, der in einer vorwiegend weißen Familie aufwuchs, war für mich wichtig, eine Schwarze Community zu finden. Denn dass Rassismuserfahrungen keine individuellen Erfahrungen sind, dass es total egal ist, wie nett und rücksichtsvoll ich war oder wie sehr ich versucht hatte, nicht aufzufallen, all das wurde mir erst klar, als ich feststellte, dass andere Schwarze Menschen auch aus dem Nichts rassistisch beschimpft und beleidigt werden. Und es war wichtig, zu erfahren und zu erleben, dass es auch andere Personen gibt, die sich dagegen wehren. Der erste Schritt, um sich zu wehren: Erfahrungen zu benennen. Ungerechtigkeit und Schmerz öffentlich zu machen.

Ich dachte, es läge in meiner Hand: Irgendwann würde ich das richtige, korrekte Verhalten finden, das mich vor diesen Erfahrungen schützt. Gegen diese Fehleinschätzung half mir erst der Austausch mit anderen Schwarzen Menschen, die Ähnliches erleben. Denn erst wenn du erfährst, dass es anderen genauso geht, ist dein Problem kein individuelles mehr. Es ist nicht mehr *dein Problem*, sondern DAS Problem.

Verbündete zu finden, Menschen, die nicht nur gute, sondern auch schlechte Erfahrungen mit dir teilen, macht, dass du aufhörst dir die Frage zu stellen: Was ist falsch mit mir?

Solidarität heißt auch: sich verletzlich und angreifbar zu machen – um zu zeigen, wo man steht. Nur so können andere deine Position verstehen. Und sich an deine Seite stellen. Die wichtigsten Menschen in meinem Leben lernte ich kennen, weil wir im selben Moment über etwas wütend waren oder dieselbe Sache unterstützten. Ich fand tatsächlich gute Freund_innen in den Kommentarfeldern von Facebook. Doch, das ist wirklich passiert!

Klar hoffe ich, dass es irgendwann diese »Vorfälle«

nicht mehr geben wird: »Vorfälle« vom N-Wort an der Supermarktkasse bis zu Brandanschlägen und Hetzjagden. Ich will, dass das aufhört. Doch ich glaube nicht daran. (Manches kann man sich nicht vorstellen, weil man es nicht kennt.)

Vielleicht werden wir irgendwann nicht mehr mit Scheiße überhäuft. Doch irgendwo stinkt es immer. Dann macht es einen großen Unterschied, ob du damit alleingelassen wirst und andere so tun, als würden sie nichts riechen – oder ob da Menschen sind, die deutlich, laut sagen: »Mir stinkt's! Das kann so nicht weitergehen.«

Ich muss oft zugeben: Ich schaffe das nicht allein.

Doch ich schaffe das mit euch.

Das Gute an schlechten Zeiten ist, dass wir zusammenrücken.

Klingt kitschig – ist es auch. Trotzdem ist es wahr: Mir geben die großen und kleinen Momente der Verbindung und des Zusammenhalts viel mehr als jeder Yogakurs, jeder Rückzug und jede heiße Schokolade (wobei heiße Schokolade immer verlockend klingt).

Aktiv zu werden ist anstrengend. Doch es ist eben auch und vor allem schön – nicht tatenlos zuzusehen. Denn: Wo Menschen zusammenleben, müssen sie auch zusammen Probleme lösen. Rassismus, Sexismus, schlechte Arbeitsbedingungen und erdrückende Mietzahlungen sind nichts, gegen das man allein einstehen kann, ohne verrückt zu werden, egal wie sehr wir verinnerlicht haben, dass alle Erfolge ganz von unserer individuellen Leistung abhängen.

Wir müssen heute gemeinsam aktiv und laut über den Hass und die Bedrohungen sprechen, die Menschen entgegenschlagen, die feministisch und antirassistisch aktiv sind, die gegen soziale Ungleichheit und für mehr Teilhabe eintreten. Doch wir müssen auch über die großen und kleinen Erfolgserlebnisse sprechen. Liebe und Solidarität.

Ich schrieb so viele Texte über Diskriminierung am Arbeitsplatz, Rassismus in Kinderbüchern, Rassismus an der Uni, Klassismus an der Uni, Rassismus im Alltag, Rassismus im Theater, Sexismus im Theater. An dieser Stelle aber möchte ich endlich Danke sagen für:

Den Austausch. Die Anteilnahme. Die Community-Events. Die klugen Artikel und Zwischenrufe. Unsere Sprechchöre. Das Blockieren von Naziaufmärschen. All die kritischen Fragen! Die Menschen, die ihre Erfahrungen bei #metoo und #metwo teilten und mir so zeigten, dass ich damit nicht allein bin. 242 000 Demonstrant_innen bei Unteilbar. Danke allen Menschen, die ehrenamtlich Geflüchtete unterstützen, danke allen Soliparty-Organisator_innen, Transparentemaler_innen, Demo-Anmelder_innen, Leuten, die Kuchen fürs Arbeitstreffen backen, den Nachbar_innen, die Einkäufe hochtragen, die E-Mails schreiben, um sich über sexistische Werbung zu beschweren, die feministische Sexshops betreiben. Danke den Seenotretter_innen, den Baumbesetzer_innen, den Häuserkämpfer_innen und FB-Gruppen-Admins.

So viele Dinge sind nur in Gemeinschaft zu ertragen.

Die politische Lage und die Gesamtsituation sind ein Problem.

Vielen geht es nicht gut. Doch viele kommen auch zusammen.

Bevor das Haus, in dem ich wohnte, verkauft und in Eigentumswohnungen zerschlagen wurde, kannte ich meine Nachbar_innen nicht. Wir hätten uns auf anderem Wege kennenlernen können: beim Müllraustragen und Päckchenabholen mehr voneinander erfahren. Doch so funktioniert der Großstadt-Alltag nicht.

In meinem Kiez lernen sich gerade immer mehr Menschen kennen. Nachbar_innen werden zu solidarischen Verbündeten im Kampf gegen Mieterhöhung und Verdrängung, und schließlich zu Freund_innen. Ich mag dieses Gefühl von Zusammenhalt. Das Gefühl, mit anderen zusammen für etwas einzustehen. Freund_innenschaft und Kompliz_innenschaft bringen mich durch jeden deutschen Winter.

Viele Kämpfe werden gerade sichtbar. Und viele Menschen, die selbst motiviert sind, motivieren damit mich, Probleme anzugehen. Unbezahlte aktivistische Arbeit ist eine Doppelbelastung: Die Arbeit erschöpft, und die Schieflagen, denen man dabei ins Auge sieht, belasten. Doch unbezahlte aktivistische Arbeit ist eben auch ein Ausgleich. Sie hilft mir aus der Ohnmacht. Etwas runterzuschlucken vermeidet zwar wütende Gegenreaktionen – lässt mich aber auch hilflos und einsam zurück, und darauf habe ich einfach keinen Bock.

Es gilt, viele unterschiedliche Kämpfe miteinander zu

verbinden. Denn dann geht es plötzlich um ein besseres Leben für alle. Es gibt immer etwas zu tun. Das überfordert. Doch es gibt eben auch immer Menschen, mit denen man es zusammen tun kann. Und das gibt Kraft!

Man kann sich fragen, was eine Demo bringt – egal gegen oder für was. Geht es darum, Forderungen auf die Straße zu tragen? Themen eine mediale Präsenz zu geben? Geht es darum, zu zeigen, dass »wir mehr sind«? Für mich, die große Teile ihrer politischen Arbeit am Schreibtisch macht, sind Demos eine Möglichkeit, meine Mitstreiter_innen zu sehen. Gemeinsam erfreut oder wütend zu sein. Zu merken, dass ich nicht allein bin. Und eben: zu sehen, wer auf meiner Seite steht.

Wir sollten uns alle viel öfter sehen.

Ich glaube nicht an Heimat. Ich glaube an Heimaten. Das können besondere Orte sein, denen wir uns ewig verbunden fühlen, egal, wie weit wir weg sind, und egal, wie lange wir schon nicht mehr dort waren. Doch meistens sind es Menschen, die uns vertraut sind und denen wir vertrauen.

Zu Hause ist, wo ihr seid.

Zu den Autor_innen

Simone Dede Ayivi, geboren 1982 in Hanau, ist Theatermacherin, Aktivistin und Autorin. Ihre Theaterarbeiten entstehen in Kooperation mit den Sophiensælen in Berlin und dem Künstlerhaus Mousonturm Frankfurt. Als freie Autorin schreibt sie unter anderem für die *taz* und *Zeit Online*.

Max Czollek, geboren 1987, lebt in Berlin. Er promovierte am Zentrum für Antisemitismusforschung an der TU Berlin, ist Mitglied des Lyrikkollektivs G13 und Mitherausgeber des Magazins *Jalta – Positionen zur jüdischen Gegenwart*. Nach den Gedichtbänden *Druckkammern* und *Jubeljahre* erschien 2018 sein Sachbuch *Desintegriert Euch!*.

Olga Grjasnowa, geboren 1984 in Baku, Aserbaidschan. Für ihren Debütroman *Der Russe ist einer, der Birken liebt* wurde sie mit dem Klaus-Michael Kühne-Preis und dem Anna Seghers-Preis ausgezeichnet. 2014 erschien *Die juristische Unschärfe einer Ehe*. Beide Romane werden zurzeit verfilmt. 2017 erschien ihr dritter Roman *Gott ist nicht schüchtern*.

Enrico Ippolito, Jahrgang 1982, studierte Theater-, Film- und Fernsehwissenschaft an der Universität Köln. Er war freier Mitarbeiter beim *Kölner Stadt-Anzeiger*, *Prinz Köln* und volontierte bei der *taz*, wo er anschließend das Ressort taz2/medien leitete. Seit Dezember 2015 leitet er das Kulturressort bei *Spiegel Online*.

Sharon Dodua Otoo ist Schwarze Britin, Mutter, Aktivistin und Autorin. Ihre ersten Novellen *die dinge, die ich denke, während ich höflich lächle* und *Synchronicity* erschienen 2017 beim S. Fischer Verlag. Mit dem Text »Herr Gröttrup setzt sich hin« gewann Otoo 2016 den Ingeborg-Bachmann-Preis.

Reyhan Şahin, geboren 1981 in Bremen, ist Sprach-, Islam- und Genderforscherin und freie Autorin bei *Süddeutsche Zeitung*, *taz* und *Missy Magazine*. Als Rapperin ist sie unter dem Namen Lady Bitch Ray bekannt. Im Rahmen ihrer Habilitation forscht sie zu den Themen Rechtspopulismus, Islam und Gender.

Sasha Marianna Salzmann ist eine international vielfach gespielte und ausgezeichnete Dramatikerin, Essayistin und Kuratorin. Sie ist Hausautorin am Maxim Gorki Theater Berlin und war die künstlerische Leiterin des STUDIO Я. Ihr Debütroman *Außer sich* stand auf der Shortlist des Deutschen Buchpreises 2017 und wurde in 15 Sprachen übersetzt.

Mithu M. Sanyal, Kulturwissenschaftlerin und Autorin, arbeitet fürs Radio, verschiedene Zeitungen und kolumniert regelmäßig in der *taz.* 2009 erschien ihr Buch *Vulva. Die Enthüllung des unsichtbaren Geschlechts*, 2017 das Sachbuch *Vergewaltigung. Aspekte eines Verbrechens*, das mit dem Preis »Geisteswissenschaften international« ausgezeichnet wurde.

Nadia Shehadeh, geboren 1980 in Gütersloh, ist Soziologin und Bloggerin. Sie ist Mitglied des Autor_innenkollektivs um den feministischen Blog *maedchenmannschaft.net* und betreibt mit *shehadistan.com* ihre eigene Plattform. Sie schreibt regelmäßig für diverse Print- und Online-Formate, ist als Referentin aktiv und unterstützt verschiedene aktivistische Kollektive wie Bühnenwatch.

Margarete Stokowski, geboren 1986 in Polen, lebt seit 1988 in Berlin und studierte Philosophie und Sozialwissenschaften. Seit 2015 erscheint ihre wöchentliche Kolumne »Oben und unten« bei *Spiegel Online.* Ihr Debüt *Untenrum frei* avancierte zu einem Standardwerk des modernen Feminismus. 2018 erschien ihr Buch *Die letzten Tage des Patriarchats.*

Deniz Utlu gab bis 2014 das Magazin *freitext* heraus. Sein erster Roman, *Die Ungehaltenen*, wurde im Maxim Gorki Theater für die Bühne adaptiert. Sein zweiter Roman ist für 2019 geplant. Er ist Kolumnist beim *Tagesspiegel* und arbeitet zu Menschenrechtsfragen. Sein Theaterstück

»Fahrräder könnten eine Rolle spielen« (2012, mit Sasha Salzmann) verarbeitete den ersten NSU-Bundestagsausschuss.

Vina Yun, Jahrgang 1974, gehört zu den ältesten Kindern der zweiten Generation koreanischer Einwander_innen in Österreich. Sie arbeitet als freie Redakteurin und Autorin in Wien. 2017 erschien ihr Comic *Homestories* über die Geschichte der koreanischen Gastarbeiterinnen und das Aufwachsen der zweiten Generation in der Alpenrepublik der Siebziger- und Achtzigerjahre.

Anmerkungen

1 Noah Sow: Deutschland Schwarz Weiß, BoD 2018.

2 Audre Lorde: Your silence will rot protect you. Posthum erschienen bei Silver Press 2017.

3 Maria Stepanova: Nach dem Gedächtnis. Aus dem Russischen von Olga Radetzkaja, Suhrkamp 2018.

4 Aus einem Interview mit Jens Spahn, in »Die Zeit« Nr. 20/2018.

5 Jasbir K. Puar: Terrorist Assemblages: Homonatoinalism in Queer Times. Duke University Press Books 2007.

6 https://www.youtube.com/watch?v=B8_ozwNIhW4

7 Herausgegeben und mit einem Essay von Marie Luise Knott. Aus dem Englischen übersetzt von Eike Geisel, Piper 2018.

8 In den USA gibt es vereinzelt Studien zur Häufigkeit von Burn-out in bestimmten Branchen, in denen teilweise auch People of Color explizit ausgewiesen sind. So geht etwa aus einer Studie zu Burn-out bei Antirassismus-Aktivist_innen hervor, dass Burn-out-Erscheinungen bei Aktivist_innen of Color direkt auf rassistische Erfahrungen innerhalb der Szene, also mit weißen Aktivist_innen, zurückgehen. Quelle: Paul C. Gorski (2018): Fighting racism, battling burnout: causes of activist burnout in US racial justice activists, Ethnic and Racial Studies, DOI: 10.1080/01419870.2018.1439981.

9 In: »Haymatlos«, Tamer Düzyol und Taudy Pathmanathan (Hg.), Edition Assemblage 2018, S. 168.

10 Ende 2018 feierte die Rückkehrprämie übrigens ihr Comeback: Das Bundesinnenministerium bot mit einer groß angelegten mehrsprachigen Plakataktion (»Dein Land. Deine Zukunft. Jetzt!«) abgelehnten Asylbewerber_innen eine »Prämie« von bis zu 3000 Euro, wenn sie freiwillig ausreisen. Die Nachfrage blieb sehr gering.

11 Laut dem Statistischen Bundesamt (Stand 2018) haben 23,6 Prozent der Bevölkerung Deutschlands einen sogenannten »Migrationshintergrund«. Das bedeutet: Sie selbst oder mindestens ein Elternteil besitzt die deutsche Staatsangehörigkeit nicht durch Geburt. Eine verlässliche Erhebung zu der Anzahl von Personen, die von Rassismus betroffen sind, gibt es nicht. So ist beispielsweise unbekannt, wie viele schwarze Menschen in Deutschland leben, weil nicht alle von ihnen einen Migrationshintergrund nach der oben genannten Definition haben. Quelle: Statistisches Bundesamt: Mikrozensus – Bevölkerung mit Migrationshintergrund.

12 In den Sechzigerjahren warnten sowohl Martin Luther King Jr. als auch Malcolm X vor der Strategie des Tokenism, um die Ziele der US-Bürgerrechtsbewegung zu sabotieren. Auch Soziolog_innen wie Rosabeth Moss Kanter untersuchten, wie einzelne Frauen in Führungspositionen als Beweis dafür herhalten sollten, dass Frauen nicht mehr benachteiligt wurden. Mehr zu Tokenism in Deutschland steht in Mohamed Amjahids Buch »Unter Weißen«, Hanser Berlin 2017.

13 May Ayim: Blues in Schwarz Weiß. Orlanda Buchverlag, 1996.

14 Ich danke Tyrell Otoo für das wunderschöne Gespräch und die wichtigen Kommentare.

15 Um die Frage gleich zu beantworten: Ja, es ist rassistisch, wenn weiße Personen den Begriff nutzen. Nur weil ich es tue, heißt es nicht, dass weiße Deutsche es können.

16 Online unter https://www.duden.de/rechtschreibung/Rassismus

17 Margarita Tsomou: Von der Nation zur Heimat? Impulsreferat auf der Konferenz »Heimatphantasien« am 18.8.2018 auf Kampnagel, Hamburg, Videomitschnitt: https://www.kampnagel.de/de/programm/2-konferenz/?rubrik=archiv

18 Margarita Tsomou, a.a.O.

19 Mark Terkessidis: Migrationshintergrund – Unterbrechung der Nation? Podiumsdiskussion auf der Konferenz »Heimatphantasien«, a.a.O.

20 Alena Dausacker: Medien als Heimat. Schriftliche Hausarbeit für die Masterprüfung der Fakultät für Philologie an der Ruhr-Universität Bochum. 28.7.2015, http://de.dausacker.net/sites/default/files/texte/alena_dausacker_-_medien_als_heimat.pdf

21 Mark Terkessidis: Migrationshintergrund – Unterbrechung der Nation? Podiumsdiskussion auf der Konferenz »Heimatphantasien«, a.a.O.

22 Alena Dausacker: Medien als Heimat, a.a.O.

23 Björn Höcke in der Sendung »Fakt ist«, MDR vom 16. 4. 2018, https://www.youtube.com/watch?v=jt6hZzUv-pA

24 Ebd.

25 Ebd.

26 Naika Foroutan im Gespräch mit Diedrich Diederichsen auf der Konferenz »Heimatphantasien«, a. a. O.

27 Ebd.

28 vgl. Caterina Lobenstein und Mariam Lau: Seenotrettung – Oder soll man es lassen? Private Helfer retten Flüchtlinge und Migranten im Mittelmeer aus Seenot. Ist das legitim? Ein Pro und Contra, in »Die Zeit« vom 11. 7. 2018.

29 Kwame Anthony Appiah: The Lies That Bind. Rethinking Identity, Profile Books 2018, S. 10.

30 Kwame Anthony Appiah, a. a. O., S. xvi.

31 Michele Moody-Adams: Memory, Multiculturalism and Democracy. Vortrag auf der Konferenz der Groupe de Recherche Interuniversitaire en Philosophie Politique (GRIPP) de Montréal. Am 11. 10. 2012, https://www.youtube.com/watch?v=jzkySWeSYNA

32 Vgl. ebd.

33 Salman Rushdie: The Satanic Verses. Viking Press 1988, S. 343.

34 Michele Moody-Adams, a. a. O.

35 Ebd.

36 Maya Angelou: All God's Children Need Travelling Shoes. Zitiert nach Afua Hirsch: Brit(ish). Penguin 2018.

37 Naika Foroutan, a. a. O.

38 Ernest Renan: Qu'est-ce qu'une nation? Calmann-Lévy 1881, S. 8.

39 Lasst uns, wenn es ums Essen für die Seele geht, von Comfort Food statt von Soul Food sprechen. Letzteres repräsentiert eine Ess- und Küchentradition, deren soziale Bedeutung sich aus dem historischen Kontext der Sklaverei sowie der Schwarzen Bürger_innenrechtsbewegung in Nordamerika erschließt. Demnach steht Soul Food nicht einfach für bestimmte Speisen oder Rezepte, sondern für geteilte Erfahrungen der Unterdrückung, des Überlebens und der Befreiung in den Schwarzen Communitys.

40 Danke an Sun-ju Choi für die Anregungen – Kimchi Planet forever!

41 Emilia Smechowski: Wir Strebermigranten. Hanser Berlin, 2017.

42 Lookismus stellt strukturelle Diskriminierung und Ausschluss von Menschen aufgrund zugeschriebener Formen von Erscheinungsbild, Körper, Kleidung, Aussehen dar.

43 Dmitrij Belkin und Raphael Gross (Hg.), Ausgerechnet Deutschland! Jüdisch-russische Einwanderung in die Bundesrepublik, Berlin 2010.

44 Michal Bodemann: Gedächtnistheater. Die jüdische Gemeinschaft und ihre deutsche Erfindung, Rotbuch, Hamburg 1996.

45 Max Horkheimer, Notizen 1950–1969 und Dämmerung. Notizen in Deutschland, S. Fischer, Frankfurt am Main 2010, S. 200f.

46 Rede anlässlich des Festakts zum Tag der Deutschen Einheit, 3. Oktober 2017: http://www.bundespraesident.de/SharedDocs/Reden/DE/Frank-Walter-Steinmeier/Reden/2017/10/171003-TdDE-Rede-Mainz.html